IF HE'S SO GREAT,
WHY DO I FEEL SO BAD

Avery Neal

走出
危险的
『爱』

［美］埃弗里·尼尔——著

袁阿潭——译

CS 湖南人民出版社 · 长沙

IF HE'S SO GREAT, WHY DO I FEEL SO BAD?: RECOGNIZING AND
OVERCOMING SUBTLE ABUSE by AVERY NEAL, MA, LPC
Copyright © 2018 BY AVERY JORDAN NEAL
This edition arranged with KENSINGTON PUBLISHING CORP
through BIG APPLE AGENCY, LABUAN, MALAYSIA.
Simplified Chinese edition copyright:
2024 Beijing Xinchang Cultural Media Co., Ltd.
All rights reserved.

图书在版编目（CIP）数据

走出危险的"爱" /（美）埃弗里·尼尔（Avery Neal）著；袁阿潭译. -- 长沙：湖南人民出版社，2024.6
ISBN 978-7-5561-3506-6

Ⅰ. ①走… Ⅱ. ①埃… ②袁… Ⅲ. ①恋爱心理学 Ⅳ. ①C913.1

中国国家版本馆CIP数据核字（2024）第066290号

走出危险的"爱"
ZOUCHU WEIXIAN DE "AI"

著　　者：[美]埃弗里·尼尔
译　　者：袁阿潭
出版统筹：陈　实
监　　制：傅钦伟
特约编辑：陈　晨
责任编辑：陈　实　张倩倩
责任校对：杨萍萍
装帧设计：凌　瑛

出版发行：湖南人民出版社有限责任公司［http://www.hnppp.com］
地　　址：长沙市营盘东路3号　邮　编：410005　电　话：0731-82683357

印　　刷：长沙艺铖印刷包装有限公司
版　　次：2024年6月第1版　　　印　　次：2024年6月第1次印刷
开　　本：880 mm×1230 mm　1/32　印　张：9.5
字　　数：160千字
书　　号：ISBN 978-7-5561-3506-6
定　　价：58.00元

营销电话：0731-82221529（如发现印装质量问题请与出版社调换）

致我的家人：

你们对我坚定不移的爱，永存于我心。

致我的女儿：

愿你一直有勇气对自己坦诚，

因为你知道，我们爱你原本的样子。

推荐序

　　刚成为心理治疗师时，我选择把诊所开在洛杉矶市中心。之所以选择这里，是因为我想为职业女性服务。我对她们很熟悉，我认为自己能为她们提供最大的帮助。很多来找我的女性都是各个领域中倍受尊敬的高管。起初最令我感到惊讶的一点是，她们中的很多人分享了她们被虐待的事。有些虐待来自她们的伴侣，另一些则来自她们的同事、朋友或家人。每次我都会问："像你这样的女强人怎么会接受自己被这样对待？"得到的回答都是一样的："我并不强大。"这正是施虐者知道的秘密。女性通常不认为自己很强大。她们对自己正在经历的遭遇感到无助。她们没有更好的措辞来为自己辩护。也许最重要的一点是，她们生活在一个她们不被允许愤怒的社会之中，如果她们非这么做，那么她们就得不到任何尊重、同情和理解，这正是她们所不能接受的。

虐待所带来的羞耻感十分强烈，无论是在亲密的朋友、家人面前，还是在提供帮助的专业人士面前，社会各阶层的女性都不愿意承认自己被虐待了。人们不想谈论它的原因很多，往往也很复杂。来自她们内心的声音说："这确实是我的错。我早该知道事情会如此。我知道他是爱我的。我不应该把这当成虐待。他不是那个意思。"虽然这本书主要关注的是来自伴侣的虐待，但在任何关系中感到不受尊重，身体上受到伤害、威胁，或情感上受到创伤的女性都将从本书中受益。不管你和施虐者的关系如何，也不管虐待的形式如何，结果都是一样的：你受到了伤害。

埃弗里·尼尔（Avery Neal）在这本书中传达的信息再及时不过了。在美国，虐待司空见惯。从推特到脸书，以及其他网络平台，匿名的形式使得人们能表达他们永远不会当着别人的面说的想法。当一名男性没有得到女性明确允许就在网上发布她的裸照，那就是虐待；当一个没有素质的女孩在脸书上辱骂别人，那就是虐待；当有权势的人在推特上随意抨击女性的外表，那就是虐待。

在过去的 10 年里，我最常被问到的问题是：女性在职场和社会中的处境是否变得更好了？多年来我的回答一直是，从表面上看，情况似乎有所好转，但对女性的暗斗仍在持续。虽然骚扰和虐待一度更加明目张胆，也更容易识别，但有些不当行为已转入地下。这就导致作为单独个体的女性通常会感到自己是孤立无援的。她会认为，自己是唯一一个正在经历操纵或贬低的人。部分勇敢的女性敢于直面虐待，坦陈自己被公众人物如何对待，这为越来越多的女性打开了一扇门，使得愿意谈论性骚扰和性侵的女性数量前所未有的高。如果公开的只是一部分虐待事件，那么可想而知，女性私下所经历的虐待会更多。我们只有期待曝光持续下去，直到揭发虐待行为的做法成为常态。

重点是要记住，虐待是与权威相关的。无论是隐蔽的还是公开的虐待，这都是一个人对另一个人实施控制的方式。那么，是什么使得从施虐者手中夺回控制权变得如此困难呢？细想一下以下哪种因素可能会让你陷入有害的关系：

虐待逐渐升级。一段感情很可能是这样的，开始很美好，但随着时间的推移，它会慢慢变得有害，而你意识不到它到底有多有害，因为虐待的程度是逐渐升级的。

强迫性重复。弗洛伊德说，人类有一遍又一遍地重复过去行为的倾向，因为那是已知的熟悉的行为。如果你在一个虐待如家常便饭般的家庭中长大，那么你可能就会认为这是常态——生活本该如此。其实你看不到有其他的方式存在，因为你不曾经历过一段健康的关系。或者你曾经有过一段健康的关系，但它令你感到不太习惯，所以你又回到了那种不怎么健康的关系中。正如一位年轻女士曾对我诉说的那样："我就是喜欢坏男孩。"

尊重权威。我们大多数人从小到大都被教导要尊重有权威的人。在某种程度上，这正是天主教神父能掩盖几十年来发生的性虐待的原因。他们处于权威地位，青年男女都不敢发声。这同样适用于辱骂成年子女的父母，辱骂下属的老板和辱骂学生的老师。当权力不对等时，滥用权力的时机就成熟了。

沉没成本困境。假设你买了一辆二手车，购买后不久，它需要换新的轮胎，所以你买了轮胎。然后点火开关坏了，你不得不更换它。之后，水箱开始泄漏，又需要维修。你开始考虑是否应该留着这辆车，但你已经在这辆车上花了那么多钱，所以你不知道该怎么抉择。同样的情况也会发生在人际关系中。当你在这段关系中投入了很多的时间和情感成本时，你就会犹豫要不要分开，即使你知道维持这段关系会在情感上榨干你。

社会观念。在我所著的一系列书中，我谈到了作为女性的感受。作为女性，我们所获得的信息通常与男性不同。无论是来自家庭的信息、宗教的信息、媒体的信息，还是老师的信息，我们被各式各样的观念狂轰滥炸，这些观念暗示我们必须不惜一切代价"表现得好"，否则就没有人会喜欢我们。现在美国盛行的观念不再是"你必须安分守己"，而是"你可以做任何自己想做的事，但仍然要表现得像小时候被教导的那个乖巧的小女孩一样"。女性不要被这些流行观念裹挟了，而是要谨记，你是具有发言权的，这样你就可以拥护自己和那些你关心的人。

不管是什么原因令你陷入了一段有害的、受虐的关系，都只有你自己有能力改变这种状况。妄想改变别人的想法是愚蠢的。如果你反复表达自己的需求和愿望，却没有带来任何改变，那么是时候采取具体步骤来创造你自己想要和应得的生活了。拿起这本书就是一个很好的开端。阅读本书，你会得到一个创造健康而充实的未来所需的工具。从那些把你的最大利益放在心上的人那儿获得支持，会帮助你一路走下去。埃弗里和我都没说这条路会很容易。我们只会告诉你，这一切都是值得的。请记住："千里之行，始于足下。"

洛伊丝·弗兰克尔（Lois P. Frankel）博士

《乖乖女没法在办公室获得一席之地》

《乖乖女不会变得富有》

《乖乖女就是不明白》[与卡罗尔·弗罗林格（Carol Frohlinger）合著]

目　录

前言

坦白地讲，她说不出自己感觉如此糟糕的原因，更是没想到过"被虐待"这回事。长期以来，她一直对自己所处的关系感到不满，但总体来说，她仍然相信他正如自诩的那样是个好人。她知道，伴侣的某些行为让她毫无头绪，当然，也有很多事情未曾被考虑过。然而，她从未想过的一点是，自己一直处于一种本以为跟自己毫不相干的、只会发生在其他女性身上的虐待式关系中。当她最终逃离这段关系时，他的愤怒彻底暴露，这使得她不得不去面对长期以来存在于生活表面之下的种种问题。她方才逐渐意识到，自己已经被欺凌、摆布和控制到了一个怎样的地步。

当从迷雾般的状态中苏醒，她终于第一次看清了这种处境的本质。当她开始意识到他的行为模式具有"施虐者"的特征，且错不在她时，她感到了一丝慰藉。与此同时，她为自己一直以来的隐忍以及对虐待的毫无所知感到痛惜。当她为自己经历的创伤寻找出口时，会有一段时间感到脆弱和忧心。几乎不需要什么特别的事就能引起她的恐惧，她的焦虑水平达到了空前的高度。疗愈是一个缓慢的过程，但渐渐地，她能从创伤中恢复，也不再像以往那样容易频繁地陷入焦虑状态。

只不过，她发现这只是复杂局面的一小部分。她的信心已被击碎，她的发声常常被无视，而她也早已失去了独立的自我。她的健康状况已不断恶化，并出现种种躯体症状，包括食物过敏、头痛、心悸和失眠等。处于一段操控性关系中，无疑对她的身体和心灵都造成了创伤。为了保持这段关系的平和，她不得不放弃做真实的自己，故而当脱离这段关系的时候，她觉得自己像一个空壳，曾经的自我无处可寻，身上的光芒也不复存在。她感觉自己整个人都仿佛掉进了尘埃里。

她花了相当久的时间来处理那些令人困扰的感受，也曾因离开这段关系感到懊悔。虽然她知道自己必须摆脱他，但对她来说，眼睁睁看着前任挣扎仍然是很痛苦的事。她仍旧会为他感到难过，努力为他的行为寻找借口，不忍心让他为自己的行为负责。此外，她还认为自己在这段关系中也并不是"完美"的，有些情况她本可以有效地处理，却常常以一种自己都意想不到的方式表现。有时她会为了关系的和谐而做出妥协，结果却感受到无尽的内疚和懊恼。长期以来，她不断地将自己的错误行为在脑海中重演，责怪自己当时没有勇气按照真实的自我来处理事情。有自身的错误"存在"本没有问题，但问题在于，她不知道如何从中走出来。

在这段时间里，她所经历的痛苦和绝望有时简直让人难以忍受。她的脑海中不断地重演已经实实在在发生过的事，还有那些她希望自己曾采用不一样的处理方法的事，这使得她画地为牢。焦虑性的想法将她压垮，并吸走了她的大部分情绪能量。说她感觉很糟糕，这都算是轻的了。

终于到了这个转折点上，她下定决心不再让过去的经历决定自己的整个命运。于是她下决心探寻自我。她开始专注于自己的兴趣，不再畏惧产生不好的结果，并且变得能有选择性地投入自己的精力。因为她如此坚定地下定决心努力，她首先关注到的一点是，要保护自己免受某些类型的群体和环境影响。在觉得自己已经足够强大，能一个人保持安全感之前，她一直蛰伏。随着她毫不畏惧地追求梦想，专注于培养让她感觉良好的关系，她逐渐获得了力量。当重新开始相信自己的时候，她的信心开始增强。她第一次真正理解了专家们指明的实践"自我悲悯"的意义。她能原谅所有当时她未知的事，原谅所有她希望自己当初能做出更不一样处理的事。她现在能原谅所有自己没有做到的事，她现在强大而坚定，自信且不屈服。她没有因为自己过度软弱、宽容、理解和退让而懊悔不已，而是开始接受这些特质。她认识到这些特质是有价值的，她需要保护自己，并且有选择性地与某些人分享这些特质。

现在，她可以真心实意地说，她有了自己喜欢的生活。这并不是说她不会再经历挣扎和痛苦，而是说她知道自己正主宰着自己的生活。她知道这是任何人都无法再从她身上轻易夺走的，这只属于她自己。她知道放弃自我的风险，所以她会有意识地优先考虑自己和自我需求。如果是自己不喜欢的事情，就不会去做；如果是自己喜欢的事情，就欣然接受；如果是让自己感到享受的事情，就会投入更多。她的生活中满是自己真正爱的人和真正爱自己的人。在人际关系和生活中，她感受到了被尊重与被珍视。

⋯⋯⋯⋯

这个女性的故事从千百万女性中而来。多年来我一直在为那些处于虐待性和操控性关系中或刚从这种关系中脱离出来，处于恢复期的女性提供帮助。与大部分女性一样，我的大多数来访者都无法辨别她们在关系中为何会感到如此不快乐，因为有很多"虐待"过于微小，难以被她们察觉。那些蓄意的虐待零零散散地发生，并与她们所谓的与伴侣之间亲密的良性互动交杂在一起，这使她们更加迷惑而不解。

写这本书是为了我辅导过的无数女性，是为了替她们发声。她们代表的是成千上万经历着同样令人心碎故事的女性。如果这本书的文字哪怕能引起一个人的共鸣，给予她摆脱一段虐待式关系的力量，并让她从中痊愈，那么我写这本书的目的也就达到了。

我也想提醒年轻的女孩们提防一些事，因为在没有识别出一段虐待式关系之前，她们很容易陷入其中。一些虐待模式可以被轻易且快速地辨别出，而另一些模式则会潜藏在表象之下数年时间，直到施虐者确信你已经深陷其中且无处可逃。到那时，你将更难从这段关系中解脱，而且那可能会对你造成更多的情感方面的伤害，若如此，你更加有必要学习如何疗愈自己。

到目前为止，关于操纵和控制在一段关系中所造成的影响的探讨十分匮乏。对相关的行为模式进行自学是很重要的一件事，这样我们将来才能教会我们的女儿，让她们在自己的生活中避免这种虐待。毕竟，我们只能教那些我们已经掌握的知识。

有许多书籍是关于身体虐待、性虐待、情感虐待和言语虐待的。我们能从其中获取许多见解和信息。但是，绝大多数处于心理破坏性关系中的女性并不知道她们处于一种被虐待的状态，所以她们不知道使用自身所拥有的资源。我写作的对象正是这些女性，她们原来不确定为什么对自身的关系感到如此不满意，我要教她们识别导致她们产生这些感受的特有模式，从而让她们得到所需要的帮助。

身处攻击性和操控性关系中，人容易产生困扰。经历一段虐待式关系是一种创伤，其结果是难以掌控的。我希望通过这本书，让你抓住一些实实在在的东西。我想引导你在这一类型的关系中实现掌控，我想帮助你获得更强的自我感知力，并实现更多自我价值。

第 1 章

识别虐待

他不是虐待狂，因为他从来不打我。

——很多女性这样说

什么是虐待

虐待指不正当的对待或欺凌。任何类型的虐待模式都有相似性。当我使用"虐待"这个术语时，我所指的是所有类型的虐待，包括言语上、身体上、情感上、心理上的虐待和性虐待。在一段出现了身体上的虐待的关系中，往往也会出现言语上、情感上和心理上的虐待。

我想明确指出，虐待会在各种关系中发生。虐待包括任何旨在吓唬、威胁、恐吓、操纵、伤害、羞辱、指责、损害或打击某人的行为或态度。这包括任何控制和孤立他人的行为。重申一遍，施虐者没有一个特定的人物形象。在任何种族、民族、年龄、宗教、社会经济背景和家庭背景的人中，虐待都普遍存在。[1]虐待并不是一个可以说得明明白白的简单问题，处于那种关系中通常让人感觉不自在且十分迷惑。虐待可以以多种形式呈现，并且会存在于父母和孩子之间、兄弟姐妹之间以及朋友之间。区别哪些是可以接受的对待，哪些是不能接受的对待，这十分必要。

这本书不止写给那些在关系中遭受身体虐待的女性。请不要因为觉得自己没有被殴打过，就在看到"虐待"这个词语的时候失去兴趣，并不假思索地认为这本书并不适合你。虐待的形式多种多样，其影响广泛且深远，因此难以界定。为了让你更容易消化这些内容，并且让你的理解更为顺畅，你可以用"欺凌者"来代替"施虐者"，用"欺凌"来代替"虐待"。

很多与虐待式关系有关的故事，都处于爆发的临界点。通过分析施虐者身上存在的典型的、微妙的模式，我们可以真正洞悉其与伴侣之间的关系模式及权力模式。我经常听到女性说，情感虐待比身体虐待更糟糕。我确实发现对于大多数女性来说，事实正是如此。耍心眼、颠倒黑白、缺乏责任心和担当、贬低对方，以及施虐者会使用的那种持续的推—拉模式，让大多数女性感到困扰、受伤、愤怒、羞愧和懊恼。这些感受往往会持续到她们与施虐者的关系结束之后，这也就是为什么我会探讨"如何在一段虐待式关系结束后实现疗愈"。

为了达到这一目标且让此书便于阅读，我所说的"施虐者"指的是运用自己的权势做出操控或侮辱行为的人，并把"你"指代为这个行为的接受者。除此之外，本书涉及的"他"是指施虐者，而"她"是指受害者，但请千万注意，这些称谓只是为了使读者在阅读这本书时更有代入感，因为这与最常见的情况相符。

当然，也有很多男性陷入了虐待式关系，相同的套路和计谋也适用于这样的关系。1/4 的女性和 1/7 的男性都曾遭受过其伴侣施行的严重身体暴力。[2] 此外，在美国有近一半的女性和男性在一生中都遭受过伴侣的心理虐待。[3] 这些令人震惊的统计数据清晰地表明，这是一个十分有必要进行探讨的问题。虐待式关系的类型有很多，我相信这本书适用于任何类型的虐待式关系。

如上所述，很多男性也发现他们自己处在虐待式关系中。他们也是批评、侮辱、贬低和侵犯行为的承受者。而且这很常见，我认为在这本书中承认这一点很重要。不管施虐者是男性还是女性，许多虐待的模式都是一样的。就像这本书的女性读者会从书中发现伴侣的影子一样，这本书的男性读者也可能会从书中发现伴侣的影子。女性在控制与侵犯方面也可以像男人一样微妙且精于算计，且她们经常表现得很激动。没有人应该承受一段被虐待或不被尊重的关系。同理，女性对待她们伴侣的糟糕行为同样令人无法接受。一段关系如果充斥着卑鄙和残酷，那么它必定不会有好的发展。

然而，大多数男性并不担心他们或他们的孩子的生命安全会掌握在对方手中。我不是说女性没有过可憎的暴力行为。

这样的行为确实发生过，但这通常不至于令一个男性觉得他的生命处于危险中。

加文·德·贝克尔（Gavin de Becker）曾说过："男人和女人在安全问题上的观点不同，这是可以理解的——男人和女人生活在不同的世界……究其本质，男人害怕被女人嘲弄，而女人则真的惧怕男人会杀了她们。"[4]

从幼年开始，女性就得学习仔细观察周遭环境，以便发现潜在的危险。女性对危机的直觉是一种强大的天赋，如果有潜在威胁，直觉会自动向她发出信号。这种直觉提供了很好的保护。然而，女性也习惯于待人体贴友好。尽管这本身并没有传达出什么错误的信息，但是，女性在努力地表现出友善时，往往会推翻自己的直觉，希望自己因此被某人或被大众所认可。当女性无视自己的直觉，对自身的恐惧不予理会或低估时，她们就会不知不觉地暴露于危险之中。

在现实中，男性在身体上一般会比女性更魁梧、更强壮。力量上的悬殊会让女性无意识地感到害怕。从社会学角度来说，女性在历史上往往被男性统治，她们经常是暴力行为的承受者，她们经常被迫屈服于男性。

近几年，虐待女性的行为得到了更多关注，大部分人不再认为虐待女性是可以接受的事。正因为如此，受害者可寻求的帮助比以往任何时候都要多。然而，许多女性并没有利用这些资源，她们也没有寻求帮助。这其中有诸多原因，其中最为常见的一种情况是，只要没有被指责或受到身体上的虐待，许多女性就不认为自己受到了伤害。

有时候，一个女人会拒绝承认她与伴侣的关系处于不健康的模式。这个女人在否认中找到了慰藉，因为这意味着她不必踏入未知的世界。面对一个竭尽全力想让你认为他有着至高权力的伴侣，是很难的事。那些识别出虐待模式的女性时常担忧，如果她们试图离开，那么她们将会承受严重的后果。

我还想指出，一个施虐者可能经常表现出人格障碍的特征，或者根本就是一个人格障碍患者。一个有反社会人格障碍的人（反社会者）或有自恋型人格障碍的人（自恋狂），更有可能做出虐待式行为或操控式行为，因为他们有很强的控制欲且对他人没有同理心。这两种类型的人格障碍在男性中都很常见。在女性群体中经常出现的是边缘型人格障碍，这是另一种与虐待倾向相关的人格障碍。具有这种人格障碍的个体在与他人的互动中通常表现出反复无常的情绪，在本质上，这就是虐待。

有无数的书籍描写过这些人格障碍，以及和患有这些人格障碍的人在一起生活是什么感受。如果你怀疑自己正在或者曾经与有这些人格障碍的人相处，我建议你进一步阅读此类书籍（请参阅本书后面的参考资料），因为这有助于你认识与每种人格障碍相关的行为模式。然而，深入地研究这些人格障碍的具体特征超出了本书的范畴。有很多施虐者并不符合某种特定人格障碍的标准，但这并没有使得虐待对受害者的影响减轻。这本书更侧重于探讨虐待中普遍存在的模式，不管这个人是否有人格障碍，这些模式都会存在。

定义微妙型虐待

多年来，我一直做着与攻击性关系和操控性关系有关的研究。然而，在写这本书的时候，我越来越清楚地意识到，没有一个准确的术语可以概括我试图准确描述的这一切。

我希望这本书着重强调情感虐待及其所产生的影响。尽管已经有了一些关于情感虐待的富有见地的书籍，但很少有女性真正认识到她们正在受到精神上的虐待，因此她们也不能根据那些具有警示性的标志和征兆进行自我引导。

情感虐待是隐蔽的，但其所造成的伤害却影响深远。疗愈情感虐待后千疮百孔的身心的过程（本书稍后将对其进行介绍）就像一场艰苦的战斗，但值得你为此一战。情感虐待被定义为"旨在通过行为和语言来攻击他人的价值或人格，以此贬低或羞辱他人"[5]。它"包括威胁、侮辱、持续监视或'突然闯入'，信息轰炸、羞辱、恐吓、孤立或跟踪"[6]。这些形式的虐待都会影响受害者的情绪健康。情感虐待可以是直接的，也可以是间接的；可以是公开的，也可以是隐秘的。情感虐待唯一可寻的迹象是这段关系中你的感受，因为施虐者的计谋隐蔽而细微，似乎不会构成威胁。这正是我想要探索的第一部分。

　　把情感虐待和隐蔽虐待结合在一起，最接近我所想要界定的内容。《韦氏词典》将"隐蔽"定义为"以一种不容易看到或注意到的方式制造、展示或完成某事：保密或隐藏"。用这个定义结合"虐待"的定义（即不正当的对待或欺凌），就能准确地描述我想要提醒大家注意的行为模式。阿德琳·伯奇（Adelyn Birch）将隐蔽性的情感操纵定义为"当一个人想要获得对你的权力并控制你时，他会使用具有迷惑性且不光彩的计谋来改变你的想法、行为和观点"[7]。在这个定义中所描述的隐蔽的操纵行为正是我想要界定的一个方面，但它也没有完整地指出我想探究的全部。

我想要描述的攻击和操控对于接受者来说是细微且难以识别的，不仅如此，受到如此伤害的她还发现自己很难离开这种破坏性的互动模式。我想重点关注强迫和威胁，即使它被施虐者伪装成"爱"；我想重点关注这些令人恐惧的计谋，它们让受害者假装自己意识不到自己受到了操控；我想重点关注施虐者进行支配的意图，以更好地揣摩施虐者的那些秘密计划。

我想要一个能描述这一切的定义：调侃式的奚落，为了实现操控而实施的计谋，施虐者的强制行为的本质，虐待的周期性模式，被动攻击行为，言语骚扰以及虐待的升级。我还想使用一个定义，来描述那些可见但又似乎看起来相对无害或无关紧要的行为，但它们其实并非相对无害或无关紧要。有些虐待是显而易见的，有些则不是。

一些虐待可以被察觉，但它们很快就会被掩盖或有积极互动紧随其后，这使得受害者对虐待感到迷惑，或产生矛盾心理。我想要定义的虐待类型有这样的特点：其中的施虐者容易掩饰自己的"罪行"，而受害者在脱离关系时内心会产生冲突。这种特点正是受害者愿意维持关系的基础。

同样明显的一点是，这种类型的关系不仅存在于恋爱关系中，还存在于朋友间、同事间、兄弟姐妹间及亲子关系中。

虐待的范围很广。正如我上面所说，如果我们观察虐待事件之间的动态变化，那么我们就能对虐待的模式有最深刻的了解。这种互动变化会导致混乱和依恋，并常常阻碍施虐者的伴侣脱离关系。这种互动模式会导致施虐者的伴侣失去自信、不再自爱，自尊心水平直线下降。间接虐待本身可以自行存在，但在恋爱关系中，它通常先于其他形式的虐待而存在。等到施虐者的伴侣经历了更加明目张胆的虐待时，她已经在这段关系中投入了太多。这种行为并不极端、并不外显，也不像隐性虐待那样具有隐藏性。这种行为模式就是微妙型虐待。

所有微妙型虐待都属于情感虐待，因为它侵害了一个人的情绪健康和幸福感。然而，并不是所有的情感虐待都是微妙型虐待。一段充满情感虐待的关系会表现出许多施虐者直接攻击受害者的特征，这使得识别情感虐待比识别隐性虐待更容易一些。在一段关系中，不像隐性虐待那样难以被发现，微妙型虐待可能会被发现，但它们看起来好像微不足道。这似乎只是一个小的区别，但当你每天都生活在微妙型虐待中，你就不会这样认为了。

"微妙"这个词被定义为"十分微小或周密，所以很难分析或形容""利用巧妙和间接的方法来实现某件事""很难留意或很难弄清:不明显""灵活且间接:不显露你真正的目的"。我喜欢这个词,因为它包含了隐蔽的行为,又留有空间来拓宽其定义,以包含那些可能被看到和观察到的计谋——因为它们看起来微不足道,所以经常被无视或忽略。

所以,基于此,我将微妙型虐待定义为间接地使用威胁、暴力、恐吓或攻击,通过调侃、操纵、批评或惩罚,试图达到控制或支配他人的目的,它既可以单独出现,也可以伴随着言语上、身体上的虐待或性虐待出现。

通过把微妙型虐待的特征分离出来以识别它,我希望这样可以让你更容易地看到微妙型虐待中最难定义的部分。不过,正如你将在我举例说明的个人故事中看到的那样,一个施虐者的人格特征有很多重叠之处。此外,为了保护书中所描述的女性,本书所引用的故事的真实背景已经做了修改。

认识虐待:错误观点和警示信号

以下是我在咨询中常听到的话。女性在描述了她们在所处关系中遭受的操控或虐待后，会紧接着说，她们的伴侣绝对不会把言语、情感、心理等方面的虐待升级为身体虐待。通常，这些女性会描绘她们的伴侣表现出了令人毛骨悚然的、有辱人格的、贬低性的行为，但当我把它们标记为虐待时，她们往往感到不寒而栗。

虐待仅仅是身体方面的暴力，这是最被人们普遍接受但最具破坏性的错误观点之一。这使女性认为，只要她们没有受到身体上的伤害，那么伴侣对待她们的方式都是可以接受的。这种观点还引导男性认为，只要不跨越身体暴力的红线，他们怎么做都行。这种错误观点使得言语、情感、心理和性方面的虐待都无法被认定为虐待，因为它们不属于身体暴力。

还有一种错误的观点是，被虐待的女性通常来自虐待型家庭，她们只是回到了熟悉的模式。这种误解使得普罗大众相信，重新回归到一段虐待式关系中是女性的错，因为她没有从童年吸取教训。这也给其他女性一种关于安全感的错误认知：她们不会成为施虐者的牺牲品。因为她们经历过虐待，所以她们会更容易识别虐待。

但事实是，很多女性在虐待环境中长大后，会再次陷入这种虐待式关系，重复这种模式。当然，有许多女性会有意识地避免进入她们童年时经历的那种破坏性的互动状态，但她们最终往往只是选择了一个用不同方式虐待她们的伴侣。这些现象很常见。然而，也有很多在童年时期被关爱和被支持过的女性，在不知不觉中投向了施虐者的怀抱。重点是要明白，无论是那些在童年时期经历过虐待的女性，还是那些在童年时期没有经历过虐待的女性，都不会故意进入一段虐待式关系。认为回归到一段虐待式关系中是女人的错，这种观点是受害者有罪论，而事实上没有任何一个心智正常的人会在一开始就刻意去寻找一段虐待式关系。

一段关系中的虐待是逐渐升级的，情况会随着时间的推移逐渐变糟。在童年时期遭受过虐待的女性和在童年时期没有遭受过虐待的女性之间的真正区别在于：当遭受过虐待的女性想要逃离时，她们的内心缺乏支持系统；而没有遭受过虐待的女性想要逃离时，她们的内心有强大的支持系统。内心是否拥有一个强大的支持系统，往往决定了一名女性是否认为她可以选择离开。同样，拥有健康童年的女性往往会知道人际关系可以有另外的形式。但是，在童年时期被虐待的女性则通常认为人际关系不会有其他的形式，就算是在另一种形式的关系中，情况也不会有所改善。此外，那些体验过实实在在的鼓励和支持的女性会对自己更有信心，而那些从来没有人相信过她们、也没有人给予过她们任何情感上支持的女性，则会缺乏自信。

还有一种常见的错误观点是，虐待式关系在穷人或少数种族群体中更为普遍。但在许多富裕的白人家庭，虐待也在发生。通常，施虐者财富越多、权势越高，尤其还牵扯到她的孩子的时候，女性就会越觉得难以安全离开施虐者。

"一个巴掌拍不响。"每当我听到这句话，我就感到胃部不适。"她该知道不要触碰（或刺激）我的（或他的）按钮。"这是另一个让人无法接受的将虐待合理化的借口。但是，这些都是如此"好的"的合理化借口，所以大多数受害者都会相信它们！有一种观点是，受害者对那些发生在自己身上的事也有一定的控制力。这种观点让施虐者得以脱身，让他不会感到内疚，因为这些都是受害者自找的。而且，这个借口让受害者有一种错觉——自己可以掌控自己的命运。她认为，如果自己知道要避免哪些雷区，那么她就可以避免被虐待。这一观点只能暂时缓解她的焦虑，这也是我们将在后面章节中进一步讨论的内容。一句话，任何人都不能以威胁或强迫的方式对另一个人施加控制。重申一遍，这一系列的观点企图责备受害者，就好像她能影响施虐者的想法，能决定施虐者是否采取措施来惩罚她的过失行为一样。

另一种有威胁性的错误观点是，如果你能"足够爱他"，他就不会表现得如此伤人，你们关系中的问题就会迎刃而解。它强化了这样一个观点，即施虐者是受害者，他只不过需要他的伴侣更随和、更"有爱"一些。久而久之，这种互动模式会变得越来越两极分化，即施虐者变得更有权力，而他的伴侣会感觉被掏空、精疲力竭。

如上文所述，虐待是逐渐升级的。对于施虐者来说，虐待是蓄谋已久的，因为他知道如果他一开始就把事情做得太绝，那么你很可能就会离开这段关系。与施虐者建立感情的一开始通常是美好的。他看起来对你如此专注、投入、感兴趣，你被吸引了。很多施虐者都既有魅力又迷人，如果他也是如此，那么你更有可能被他迷住。有些施虐者在这一阶段会做得有点过头，这可能会吓到你，因为他的行为会让你感到自己在情感上吝于付出，让你感到被压迫，或让你感到事情进展得太快。但是，考虑到他在你心中的美好形象，你可能会无视这些感受。不久之后，他的行为发生了变化，你会感到困惑，不明白是什么让你们的关系变得如此令人受伤。你不知道为什么你在这段关系中感到如此糟糕，因为你看不清这段关系的实质。

他在所有人看来都十分有魅力，这让你更加困惑了。因为别人都认为他非常棒，而且看起来十分爱你，于是你甚至怀疑自己是否神志清醒。他可能是合群的、腼腆的、野心勃勃的或心平气和的。他可能有钱有势，也可能无权无势。施虐者的体型和体格各不相同，这使得你很难在一段关系的早期发现这样一个人。是，大多数施虐者在关系中会展示出一些共同的行为模式。关键是要尽早发现这些行为模式，并安全地退出。你在这段关系中逗留的时间越长，虐待就会越严重，离开的难度也就越大。以下是施虐者早期可能会展现的一些警示信号。

- 他情绪激动、过度投入。

- 他需要经常保持联络。

- 这段关系发展太快，或者他太较真。

- 他过于友好或显得不真诚。

- 他想让你完全属于他或阻止你和别人在一起，尤其是当他意识到别人不喜欢他的时候。

- 他提到前任时非常无礼。

- 他有与人闹掰的历史。

- 他对你不尊重。

- 他会让你去做那些你本不想做的事，或者让你觉得不自在。

- 他会在晚上给你打几次电话或"查岗"。

- 他有控制欲。

- 他占有欲很强。

- 他会无缘无故地嫉妒。

- 他从来不犯错误。

- 他永远是对的。

- 他总是以自我为中心。

- 他吸毒或嗜酒。

- 他会强迫你与他发生性关系。

- 他愤怒的时候会恐吓你。

- 他有双重标准。

- 他对女性群体持负面的态度。

- 他在人前和人后对待你的方式不一样。

- 他会取笑或羞辱你。

- 他会贬低你的成就或目标。

- 他总是质疑你和你的决定。

- 他总是对你所说的话持相反意见。

- 他似乎被你的弱点所吸引。

- 无论你做什么或多么努力，他似乎永远不会对你感到满意。

- 他试图孤立你。

对于身处一段关系尤其是虐待式关系中的人来说，客观地感受这段关系中的互动模式是很难的。在你们的关系里，你可能会感觉自己像坐过山车一样起伏不定，你感到不确定，并不断地质疑现实。虐待行为并不总是那么明显，它往往是很微妙的。要注意你在其中的感受，这是你要独立考虑的最重要的事。虐待行为很难被发现，也不容易被客观地看待。每个人都有权利在一段关系中畅所欲言、维护自己的观点，而不必担心受到惩罚。每个人都有被尊重和重视的权利。

虐待是施虐者的游戏

虐待是施虐者的游戏，他操纵着这个游戏，这样他就会一直取得胜利。在听到无数女性说自己处于同样的模式中后，我开始意识到虐待完完全全就是施虐者的一场游戏。他们制定了游戏规则，为的是取得胜利，否则他们绝不善罢甘休。一切都是为了赢。

如果我只能为那些处于虐待式关系中的人提一个建议，那么这个建议就是，退后一步，客观地看待关系模式。对于我们大多数人来说，我们会着眼于手头的问题，并寻求某种解决方案。如果出现问题，我们希望以最好的方式解决它，然后继续推进。如果机会出现，那么我们会想要探索它，并勇往直前。我们要竭尽所能去创造自己想要的生活，非常努力地去做我们认为对自己和对孩子最好的事情。底线就是，我们要尽最大努力按照自己的道德准则做正确的事，并按照他人的道德准则做正确的事。但施虐者绝对不会这样想。一个施虐者只考虑输赢。胜利意味着权力和控制，这是他最关心的事情。

　　当从远处观察时，很明显，施虐者为了得到他想要的东西能耍一大堆把戏。当一套把戏不奏效时，他就会尝试另一套，直至得到他想要的。他把你的仁慈当作软弱，并利用这一点压榨你。施虐者是一个恃强凌弱的人，他试图让你觉得自己十分渺小，这样他就可以感受到自己的强大。为了胜利，他会竭尽所能。他可能会不择手段，在肉体上、心灵上、经济上伤害你，伤害他自己的孩子，甚至是触犯法律。记住，规则是他制定的……对了，这些规则却不适用于他。他很了解你，用不了多少时间，他就能知道哪些把戏会对你起作用，而哪些不会。当他缩小耍把戏的范围时，他就变得更有效率并能轻而易举地取得胜利。

哦，是的，规则并不适用于他。

你将长时间处于一种困惑的状态，因为对你来说，这是一个迫在眉睫的问题，然而你却不知道如何解决它。你越是努力地想解决问题，他就越会反对你。你不知道他为什么要这样做，也不知道他究竟为什么不愿意想一些解决方法。你困惑于问题究竟是什么，并深陷在各种细节里。你变得疲惫不堪，因为无论你多么努力，都毫无进展。这是因为对施虐者来说，这些根本就不是什么真实的问题。这一切只关乎输赢。他故意把自己放在你的对立面，这样他就有机会赢了。你跟施虐者之间不存在任何合作，只有赢家和输家。并且如上所述，他会不断尝试各种方法，直到有一个奏效，让他得到他想要的东西。对施虐者而言，胜利象征着权威、权力和控制。他想成为终极的主宰者。

问问你自己，施虐者这样做让他得到了什么好处。只要你诚实地面对你自己和你在游戏中扮演的角色，你就可以想到答案。答案是，他得到了他想要的东西。他知道如何不费力地从你身上获得他想要的东西。他显然没有做出任何改善你们的关系、满足你的需要或试图让你感觉更好的举动。这些全部都是你做的。他让你不断试图取悦他，而他只是坐在那里看着你窘迫的样子。他不断改变规则，使你永远不能满足他。而且，不管你怎么努力，你所做的一切对他来说都是不够的。

当你意识到游戏是以这种方式设计的，即他总是会赢，而你总是会输时，你就会获得一定的力量感。对大局的了解，将使你在竞争中处于更有利的地位。你可以放下让你感到困惑的所有问题，专注于正在进行的更大的游戏。这么做将会赋予你力量。因为，这将是你第一次能真正看到发生了什么。

第 2 章

施虐者的惯用模式
——对不易觉察的部分的探究

我以前认为是自己反应过度了。现在我才意识到，这只是对鬼话连篇的正常反应。

——玛德琳

虐待可能非常微妙

当大多数人听到"虐待"这个词时，他们会想到典型的家庭暴力，即男人殴打妻子。有些施虐者的攻击行为是很明显的，每个与他接触的人都非常清楚他的愤怒点。这是公然的虐待，易于识别。然而，很多虐待其实是相当微妙的，这使得许多施虐者不符合传统意义上施虐者的形象。只要施虐者愿意，他们也会表现出好的品质，他们可以是充满爱意的、风趣的、温暖的、迷人的，这让你更加不会怀疑自己是否处于虐待式关系之中。施虐者用一种温和的伪装掩饰了他的攻击性，但不要低估他的攻击意图。他正设法取得对你的主宰权与控制权。

施暴者并不回避挑战，他可以说是善战。他像一条鲨鱼，只要察觉到弱小的生物，就会毫不留情地去捕杀它。施虐者更喜欢主动攻击，因为这代表他具备力量和权力。如果施虐者感觉自己快要丧失统治者的地位，他就会变得高度戒备，并迅速反击。记住，他唯一的目标就是获胜。然而，他知道如果他公开挑衅，他就会暴露自己的本性以及真实意图。他希望自己的攻击性不被别人察觉，这样他就能继续当个"好人"，并同时进行操纵、威胁、恐吓，让你按照他的意志行事。这使得他能在不被察觉的情况下做出令人发指的侵害行为。正是这种微妙型虐待促成了一种结构复杂的虐待式关系，让施虐者在你意识不到的情况下控制你。

施虐者会使用各种微妙的计谋来获得他想要的东西，从调侃，到隐秘的操控。他知道如何利用诱惑、魅力、逻辑或通过博取同情消除你的警惕，来巧妙地占据上风。他的这些计谋使你迷糊，让你变得脆弱、更容易受到影响。他的一些计谋非常微妙，让人几乎无法察觉，这使得当你谴责他的不当行为时，他能很好地抵赖。你的直觉告诉你，你们的关系有一些不对劲的地方，但你没有什么客观的证据。你总是不停地挠头、质疑自己。你会不自觉地感到害怕，但你不知道为什么，因为确实没有什么你能实实在在抓住的东西。

观察施虐者在情绪反复无常时的行为模式是很有必要的。在这段时期你可以收集到最多的信息，并了解是什么使得施虐者得以逃脱，他用卑鄙的形式虐待了你，而你却无法辩驳。

佩琪

佩琪 57 岁，是一个又高又瘦的女人。在持续了 34 年的婚姻破裂后，她最终来到了我这里，因为她不愿意离婚。不久前，佩琪发现她的丈夫出轨了。从他的信用卡账单中，她获悉了此事。这些账单显示，在两个半月内，他在另一个女人身上花了大约8000美元。在两人就这份开销以及婚外情进行对质之后，丈夫向佩琪说他会与她离婚。

佩琪进行心理治疗的目的是处理丈夫出轨及离婚带给她的愤怒情绪。随着她所述故事的展开，他们的关系非常清晰地显示出一种不健康模式，这比她丈夫的风流韵事以及后面的离婚更有讨论价值。

当佩琪开始讲述她的婚姻史时，我起初很难理解她为何能在那样的境况下忍气吞声。佩琪和丈夫育有4个孩子。她是一个"全职妈妈"，她的丈夫在银行上班。尽管她丈夫挣的钱足以支撑整个家庭，让一家人过得十分舒适，但为了有更多的钱购买生活必需品，他还是要求佩琪到处做一些零工。佩琪的丈夫既希望她留在家里照料孩子，但同时也希望她能赚足够多的钱。他说，购买生活必需品是佩琪的责任，他也不打算帮助她。在抚养孩子的同时，佩琪会为别人打扫屋子、看护孩子，以此赚点小钱。

有一次，佩琪问她的丈夫能否给家里添置一张新餐桌。他回复说，她应该花"自己"的钱买东西。当她表明自己没有额外的钱买一张桌子的时候，他仅仅说"那太遗憾了"。与此同时，佩琪的丈夫却坐在车库里，欣赏着他最近为自己购买的两款最新的宝马汽车。

在这件事发生3年后，佩琪的丈夫给了她一个"惊喜"。当她在某天回到家的时候，家里出现了一张新餐桌。但这不是她告诉他自己想要的那张餐桌，而且这跟她要的那款完全不一样。佩琪讨厌这张餐桌，她的丈夫也因她没有感激自己而感到生气。佩琪为自己的不领情感到内疚，她最终屈服了，尽自己最大的努力使她的丈夫相信她喜欢他所做的这一切，并称赞他是一个很棒的男人，因为他为家里买了一张新餐桌。

我引用这个故事，不是因为它是虐待式关系中最令人震惊的例子，而是因为它完美印证了施虐者如何采用微妙方式——更多的权力和控制，令他的伴侣投其所好，精确地满足他的需要。从施虐者的角度来看，这显示了他控制佩琪的方式。他赚了钱，并且单方面决定他如何花钱——为自己购买豪车，而不是为家人购买生活必需品；他还决定什么时候购买桌子以及购买什么样的桌子。这显示了他对妻子缺乏同理心，不尊重她的感受，以及他认为自己对如何花钱有最终发言权。他不用考虑，妻子在没必要出去工作却不得不在外工作时是什么感受；他不用考虑，妻子必须做为别人打扫房子这种体力活儿，仅仅是为了养家糊口时是怎样的感受。他甚至不买妻子喜爱的餐桌，这是一种被动攻击式的惩罚。佩琪的故事突显了施虐者的推一拉模式，即观察对方是否会回应他的要求并容忍他的需求。佩琪的丈夫物化了她（和他们的孩子），无视她的感受和体验，并打压她。这让佩琪获得了一种信息，即自己不重要、不强大。他知道她自己赚的钱不够买桌子，还不给她生活费，并让她等了 3 年才得到一张桌子，他正是通过这种克扣的行为保持自己的权威。后来，佩琪的丈夫开始为自己辩护，通过歪曲事实，即指责佩琪"不领情"来操控局面。最后，他得以扮演受害者的角色，说："我对你做了件好事，而你却不喜欢，你伤害了我。"

审视佩琪在这段关系中的角色同样重要，并不是说要让她为造成这种互动关系负责，而是看清楚这种关系的模式很重要，这样她就能认识到自己并不像伴侣可能感觉到的那样没用。

佩琪为这段关系背负了太多的责任。她弥补着丈夫的失职，想办法努力工作，这样就能为家庭购买生活必需品，但这对她并不公平。佩琪讨厌冲突，并不惜一切代价避免引起冲突，这就是为什么她认为自己最好能做些力所能及的工作，她知道如果与他对峙，必然会引起冲突。佩琪也如此回应着她的施虐者，尽最大的努力使他相信他是多么好，以及她对他是多么感激。佩琪逐渐发现自己越来越难以面对他，因为她已经没有什么自尊了。

那么，佩琪为什么不为维护自己和孩子挺身而出呢？她为什么不告诉丈夫"见鬼去吧，我和孩子不会再接受这种无稽之谈"？当你阅读这本书时，你可能会完全理解这个问题的复杂性。因为他肯定会让她为此付出代价，而她已经没有力量在他面前进行反抗。因为她没有任何可以求助的资源；因为她仍然相信他为他们共同生活所做的承诺；因为她觉得他爱她，他曾这么说过，而爱意味着一方的妥协和接受；因为她觉得他是一个好男人；因为他是家里的顶梁柱，他可以陪孩子一起玩耍。她已经忍受了这个男人多年的言语虐待，她现在几乎没有什么自信心了。

虐待是循序渐进的

施虐者在关系的一开始并不会对你进行批评、嘲讽，或把你从房间一头推到另一头。很显然，如果他过早地暴露这些行为，你就会毫不犹豫地与他断绝关系。施虐者明白这一点，所以他会从一开始就精心伪装自己的行为，掩饰他的愤怒和不靠谱，而在这表面之下隐藏的是他不安分的心。

不久之后，施暴者就会慢慢地发表评论，或者拿你开涮。通常，施虐者会对异性做出贬低或不入流的评论。这些评论虽然不是专门针对你个人，但很明显波及你的家人和朋友，这会让你很不舒服。他会监视你的反应，看看他是否能侥幸得手。如果你进行防卫并与他对峙，那么他很可能会把责任推卸到你身上，声称是你"太敏感""开不起玩笑"。这时你便开始怀疑自己："或许真的是我反应过度了？"这，就是虐待的开始。

　　施虐者说出的奚落和贬低的话，以及你对自己的质问与怀疑，开始组成这段关系的结构。施虐者不太可能承认他的行为，更不用说为自己或自己的行为负责了。如果他肯为自己的行为负责，那就会使他处于一种弱势的、没有权力的地位。他无法接受这一点，这就是为什么他始终以一种能让自己保持高高在上并能掌控局面的方式行事。施虐者必须自始至终持有控制权。如果他觉察到自己的控制权得不到保障，那么他因为缺乏安全感而产生的不舒适感就会变得十分强烈，让他继续做出控制行为。

肯德尔（第一部分）

肯德尔30岁出头，刚从一段婚姻中解脱，她的前夫是一个控制欲极强的人。她曾经充满活力、乐观开朗，对自己的未来充满激情。但她的热情已经褪去了，现在的她过着行尸走肉般的生活。肯德尔希望能弄清婚姻变故对她造成的影响，以及她是如何变得如此疲惫的。她也对将来自己是否还能谈恋爱感到担心，因为在经历过这些事之后，她再也不能轻信任何人了。

有一天，肯德尔开始描述她是如何产生这个想法的——永远不能让前夫知道她的真实想法。如果他知道了，他就会采取相反的立场。他会想办法确保肯德尔得不到任何她想要的东西，他会通过贬低、嘲讽等方式说服她放弃想要的东西，或者列出他俩不应该得到它的所有理由。这不仅仅涉及添置家用，还包括做其他类型的决定。

她最终明白，不管是什么，都不值得用争吵的方式去处理。在他们关系的初期，肯德尔会坚持自己的立场，如果某件东西对她真的很重要，那么她就会直面这场斗争。肯德尔一度对事情的进展感到乐观，因为她开始用自己的钱购买自己需要的东西。有时他会接受这一点（毕竟，她去买东西的习惯对他很有用，这样他就没有必要自己去了），但在大部分时候，他并不接受，结果就导致一场大的争吵。

肯德尔回忆说，在他们结婚之前，她曾试着和他一起敲定婚礼地点。她一直想把地点设在一个私密、幽静、舒适的沙滩上。他同意了，于是他们参观了十几个地方。肯德尔特别喜欢最后参观的地方。这个地方比肯德尔所预期的还要美，有一条石板小径通向露台，还有一处美丽至极的水景。肯德尔很高兴、很激动，然后还是未婚夫的他让她冷静。他说，还是别选择那个地方了，他唯一会考虑的是他们之前看的另一个地方（甚至他自己都不喜欢）。肯德尔因此感到十分心碎。在回家的路上，她抽泣起来，她不理解对方为什么不让她拥有对她而言如此重要的场景（这是她小时候就有的梦想），这个场景对他来说是如此不值一提。她在脑海里想了所有可能的解释：是这地方比他想定的那个要贵吗？并不是，它们是一样的价格。是离城市太远了吗？并不是，它和其他地方在一片区域。是因为那个地方太小了吗？并不是，比他提议的地方要大。当她问及为什么不想在那里举行婚礼时，他轻声地笑着说："说不清，我只是不喜欢那里。别这么激动。"

在讲述了她的故事之后，她补充道："我早就应该知道事情会发展成现在这样。"

但是，她当时并不知道。她没有看到这种控制模式，因为他经常对她说甜言蜜语，并表现得深情款款，而她十分喜欢他这一点。她想让他高兴，因为她觉得这是她的职责，而他也会偶尔哄她开心。他们俩也会一连好几个星期没有任何冲突。但是，只要肯德尔有什么要求或打算做什么决定，冲突就会出现。多年来，因肯德尔表达自己的愿望而导致两人起争执的例子数不胜数，于是她干脆放弃了。这太耗费精力了。

　　这在攻击性关系和操控性关系中是很常见的模式。这种模式有时与物质有关，有时与其他事有关，比如她的事业或抱负，她想让孩子上某所学校。施虐者认为，如果他"允许"对方拥有自己真正想要的东西，那么她就会获得力量和信心，这最终会削弱他的权威和控制力。如果她拥有了充分的自信，那么也许有一天她就会离开他。如果施虐者足够聪明，那么他会时不时地给她一些小恩小惠，并且提供一点儿她想要的东西。但如果你仔细观察，就会发现他给的尽是些无关紧要或是他自己根本不在乎的东西。当她就他不肯让自己称心如意而与他沟通的时候，他谈到了曾经给她的每一个恩惠，试图以此来反驳她。请记住，当你阅读这本书的时候，你似乎会对这一模式非常清晰，但对于那些正处于这一经历中的女性来说，她们却不会那么清醒。还记得她爱上的那个完美的、忠诚的、慷慨的男人吗？

她仍记得并认为自己嫁的还是那个他。换个角度说，既然知道他具有这么多的优秀品质，那就似乎有点说不通了，所以她感到很困惑……她知道他曾慷慨大方、体贴周到，他也曾许诺过给她全世界，但他似乎也会对她真正想要的东西提出异议。这两者存在冲突，所以她认为自己的愿望可能很不切实际，以及她的自我想法是不正确的。

看吧，这就是一切的开始。起初，你舍弃了自我的一小部分，没有考虑其实自我的任何一个部分都是特别重要的。你相信至少就目前而言，问题已经解决了。你的伴侣既然得到了他想要的东西，那么他就高兴了（有时他会使你相信，这也正是你想要的，或这是为了你好，因为他比你更清楚这一点）。他快乐，你也就满足了。总之，你自己怎么样，这并不重要。毕竟，情侣关系就意味着妥协，对吧？或者，你原谅了伴侣所说过的任何话，不管他道歉与否。因为你只想让事情翻篇，这样就能恢复和谐，一切就会回到原来的样子。

随着时间的推移，这种侵略性会逐渐升级，伴侣对你的尊重会越来越少。他做出的每一次操控行为，都是在试探你的底线。当他这一次的行为取得成功时，他就会把这当作你为他开了绿灯，并认为你下次还会继续这么做。在下一次，他就会变本加厉。你继续忍受他的行为，并认为正如他所说，只要你按他说的做，他就会善待你。一旦你真的退让，他就会对你更不尊重。他开始不把你当人看，为的是证明他卑劣的行为是正当的。

施虐者对他人缺乏同理心

同理心和良知是呈正相关的。[8] 一个人的同理心水平越高，他就越有良知，因而越有可能清楚地分辨是非。施虐者对他人的同理心水平较低，所以他不能设身处地为他人着想。他不能明辨是非，不能分辨什么是处理得当的、什么是处理不当的。他的价值体系完全是歪曲的。施虐者往往对你或孩子的需求不予回应。所有的事情都得围绕着他自己转。如果他觉得自己受到了某种程度的伤害，或者，你或孩子的一些需求妨碍了他的需求，那么他可能就会把事情搞得不愉快。对施虐者来说，你的需求最起码是令人感到麻烦的。这些需求不利于他自己的需求，并且需要他顾及你的感受。施虐者不会跳出自身，也不会把你的需求看得重于自己的需求。

伊丽莎白

伊丽莎白快 60 岁了，已经和第二任丈夫结婚近 20 年。两人的精力都比较充沛，他们还达成一致，在结婚前几年不生孩子，这样他们就可以自由地旅行，并把时间花在职业发展上。

前年，伊丽莎白在一次滑雪事故中摔伤了腿。她请了一段时间的假养伤。那段时间，伊丽莎白的丈夫经常出差，每当他回家时通常心情都很差。某天晚上，她知道如果她没有做晚饭，那么他一定会生气。腿伤还没痊愈的她一直在揣测他回家时的情绪。因此，在那天，伊丽莎白提前告知丈夫她没有做饭，请求丈夫回到家时对她稍微包容一点。

当他回来的时候，他的情绪比以往更糟。他没有走过去跟她打招呼，反而径直走到厨房，使劲关上了橱柜门，还在拿碗碟的时候尽可能发出很多声响，以此发泄情绪。

过了几分钟，伊丽莎白从卧室走出来，想看看到底怎么了。她的丈夫充满讽刺地说，他不想打扰这位"沉睡的公主"。伊丽莎白回应说，他的批评是有失公允的。然后，他就开始责怪她受伤了。起初，她会为自己辩护，发生事故已经是既定事实，这是她无法预见的事。但是，这促使事态进一步升级——他随即质疑她没有能力做出正确的决策，因为她在自己"身体欠佳"

的时候决定去滑雪。

伊丽莎白此刻无话可说，回到床上后，她感到既伤心又生气。她在想，她现在的情况是不是再也不适合滑雪了？紧接着，她开始担心她的腿，以及她是否还能做过去喜欢做的事。如果她再也跟不上丈夫的脚步，那么他还会和她在一起吗？

伊丽莎白知道，丈夫在压力之下可能会变得自私、尖酸、刻薄。但他并不是一直都这样，他们刚开始在一起的时候，至少他会在说过一些让她生气的话之后，跟她道歉。不过，算起来他已经有很长一段时间没有这么做了。伊丽莎白知道自己不是一个娇生惯养的公主，其实她会非常辛劳地工作。而且，她知道自己的身体并不像他说的那样不行。但她丈夫的话仍让她心痛，她担心他真的会那样看待她。

伊丽莎白忽视了问题的根本，即丈夫缺乏同理心。她对丈夫所说的话十分在意，这些话分散了她的注意力，搞得她心烦意乱。她的丈夫不仅没有同理心，还把她当作一个没有任何感情和自我需求的物品来对待。

伊丽莎白的丈夫显然对她的痛苦无动于衷。她受伤的事反而激怒了他。他很生气，因为她没有给自己做晚饭！伊丽莎白的丈夫知道她此时是弱势一方，于是趁机利用了她的脆弱。他把自己放在权力的最高位置上，通过说她有"公主病"并质疑她的决策，来确保她知道自己所处的地位。如果伊丽莎白的丈夫给予她迫切需要的关爱（给她带晚餐，关心她感受如何等），那么他可能就会冒这样的风险，即她会觉得自己在这段关系中更强，而且可能比他所认为的更强大。

当你生病或有某种需要时，施虐者缺乏同理心的特质就会表现得很明显。他不认为你与他是独立的，他也看不到你的人性。他不会把自己放在你的立场上，细想你的感受或体验。你的需求对他而言是一种麻烦。如果你正经受一些身体上或者情绪上的麻烦事，他甚至会轻视你，或认为你有缺陷。你的弱点束缚了他，使得他的不满与厌恶表现得更明显。

如果你不能照顾你的伴侣，或者不能用以往他习惯的方式照顾他，那么他很可能会变得恼火，甚至暴怒。他对你没有伺候好他感到不满，他会直截了当发泄他的怨气。如果你向他提出要求，那么他很可能就会变得充满敌意，并且责备你，把当前的情形归咎于你自找麻烦。而且，他不会帮你完成你该做的事，他也不会以任何方式呵护你。如果他真的帮了忙，那也是为了让你赶紧重新开始照顾他。

有时，施虐者并没有表现出像伊丽莎白的案例中这样明目张胆的敌意，但却明显缺乏同理心。让我们来看看海莉的故事。

海莉（第一部分）

海莉是个 25 岁的姑娘，刚从研究生院毕业。她精力充沛，热衷社交，正渴望开启她的职业生涯。她最近和交往 3 年的男友结婚了，这也是他们长久以来的计划。

在刚完婚的几个月里，海莉在工作时突然感到腹部开始有刺痛感。病情变得越来越严重，她不得不放下手头的工作回家。海莉从来没有经历过这样的事情，她打电话给丈夫，告诉他自己现在的情况以及她正在回家的路上。得知他正在家中学习，她稍微松了一口气，至少她不会孤单一人。

在接下来的几个小时里，海莉的腹痛加剧，并伴有呕吐，显然她必须去医院。医生检查不出导致海莉疼痛的原因，也不确定她是否需要紧急手术。海莉很害怕，她从未因病住过院，也从未做过手术。海莉躺在医院的病床上，不知道接下来该怎么做，她的丈夫饿了，而且还有一些家庭作业需要完成。他对海莉说，他希望结果不会太糟糕，然后亲吻了她的额头，就把她独自留下了。

由于害怕独自面对手术，海莉打电话给父母，告诉他们自己正在急诊室。他们来到了她身边，对新女婿居然留下他们的女儿独自面对这种状况感到难过和困惑。海莉试图安抚她的父母，说丈夫只是被这学期的课程压得喘不过气来，即便他在医院里，也什么都做不了。把这作为他回家的理由，也算说得过去。

当海莉终于出院的时候，她的父母把她带回了家（诊断结果是囊肿破裂感染），她丈夫从他的桌子上抬起头说了句"很高兴你没事"，然后又继续埋头学习了。

这个故事并不属于明显的虐待范畴。海莉的丈夫并没有对她说刻薄的话（在这一点上），也没有试图让她因自己住院而感到内疚。然而，他并不关心妻子的病情，对她所遭受的痛苦也没有一丁点的心疼。这正是对她剧烈疼痛、不确定该怎么治疗以及害怕独自一人的现实缺乏同理心。他把她丢在一边，将所有这些事情统统抛在脑后，为的是把精力放在他更迫切的需求上，即做作业。

对施虐者来说，你的幸福并不是他关心的重点。他对你几乎没有同理心，他很可能对除了他自己以外的每个人都是这样，所以他并不关心你的需求是否得到满足。倘若你的需求得到了满足，你就会在这段关系中收获强烈的满足感。但这并不是他所关心的事情。他最关心的是让自己在这段关系中得到满足，而如果在这个过程中你碰巧得到了自己需要的东西，很难说他会不会允许你再次拥有这些东西。

施虐者是被授权的

施虐者认为他有权对你进行支配和控制。他自以为是，并认为"他懂的最多"。在他的内心深处，他极度缺乏安全感，他想要通过自以为公正的方式不断地削弱你，以弥补这种匮乏感。[9]他的自我（ego）非常薄弱，并且没有被建立好。如果他有更多的安全感，那么他就可以独立存在，而不是试图不断地获得权力。要是那样的话，他也就不会试图控制你，而是能认识到你是一个独立的个体，你有你自身的需求，你应该受到尊重。但相反，他脆弱的自我将你的独立性视作威胁，他认为他有责任削弱你的实力。他认为压制你是他的权力，而且这样做是完全合理的。这使他感觉自己更强大、更重要，如此一来他就不必面对真正的问题，即他的自卑感。

不要卷入你伴侣的不安全感之中，还妄想你能治愈它。许多女性一辈子都被其伴侣的"痛苦"所吞噬，同时一路忍受着可怕的虐待。因为施虐者不会为自己负责，即使他对自己的行为有了一丝有意义的洞悉，他也不可能再改变。他的模式对自己很有用，使他能满足自己的欲望和需求，并且能操控游戏，所以他总是赢家。他对这一现状感到自豪，认为这是他比别人优越的标志。你很难使他改过自新。

施虐者认为别人应当竭尽全力地为他服务。他认为别人的友善和慷慨是理所当然的，因为他认为自己有这样的资格。他认为这是你欠他的：由于他不断地加码，你永远都做得不够好或还不够，这样你就无法达到他认定的合格标准。他的态度跟国王一样，只要别人不进贡那些他认为自己应得的东西，他就会大发雷霆。如果他觉得你让他受委屈了，那么他就会惩罚你，因为他知道这样能训练你下次执行他的命令。他屡次告诉你应该做什么或考虑什么，因为他坚信在任何情况下他都比你懂得更多。

扮演"魔鬼代言人"是大多数施虐者经常会采用的微妙计谋。不是所有以相反立场向你发起挑战的人都是施虐者，但如果你觉得要经常试图证明自己、得到伴侣的赞同或获得认可，那么你们的关系中就肯定存在明显的权力差异。这通常导致一种被认为是"亲子关系"的互动模式，在这样的关系里，施虐者认为他比你懂得更多，理应享有最终决定权。当你们的关系出现权力不平等时，你就成为一个毫无权力的人，除非你得到允许，否则就不能轻举妄动。这让施虐者完全控制了这段关系中的一切，逐渐剥夺你的权利，让你彻底无助。

肯德尔（第二部分）

还记得肯德尔吗，那个丈夫从不让她做决定，也不让她得到自己想要的东西的女人。让我们重温一下她的故事，更多地了解她丈夫是如何对她施加如此严格的控制的。

在他们关系的初期，肯德尔经常向丈夫吐露心声，告诉他自己的一天是怎么过的，她的朋友身上发生的事，以及她自己所经历的办公室政治。然而，随着时间的推移，她注意到自己常常需要中断这些对话。因为她需要为自己的感受进行辩护，并且她对自我的感受越来越糟。例如，如果她跟丈夫说一个不好相处的同事，那么他就会立刻站在她同事一边，告诉肯德尔为什么她的同事会表现出那样的行为，为什么肯德尔应该为这件事负责。这件事是什么无关紧要，即使那个人明显是错误的，肯德尔的丈夫也不会站在肯德尔这边。

肯德尔试图告诉她的丈夫，当他不断站出来维护别人而不是她时，这让她感到多么无助。她告诉他，她需要的只是他认可她的感情受到了别人的伤害，或承认她度过了艰难的一天，以此来表达对她的支持，然后给她一个拥抱而已。当她提及此事时，他会采取防御的态度并告诉她，她不可能事事都正确。注意，当她索取自己需要的东西时，他会反过来攻击她"事事都要求正确"。

肯德尔中断了这些谈话，感觉自己很糟糕，并为自己"总是需要被认为是正确的"感到内疚和羞愧。她其实不是那个意思，她只是想让丈夫明白她的感受。

肯德尔的丈夫称她为"女推销员"，因为每当她想要或需要什么东西的时候，她就会把最好的一面展示出来，以便他能同意。她当然得这样做了。因为即使是最基本的要求，他也会毫不犹豫地拒绝，这让肯德尔对任何她认为需要共同决定的事情都感到焦虑。而他要求每个决定都必须是共同做出的，以维护自己的控制权。

在肯德尔讲清楚自己明确的需求之后，她的丈夫会否决她的请求，找出其中的"漏洞"，并告诉她为什么她的需求毫无必要。如果肯德尔坚持自己的主张并反驳他，那么他就会通过指出一些她的性格缺陷来轻微地转移话题，并以此攻击她。肯德尔会采取防卫措施，但仍会感到受伤，并且在这个过程中逐渐放弃自己的请求。

她的丈夫"赢了"，而肯德尔只能忍气吞声，并试图在她的要求得不到满足的情况下继续前行。肯德尔会试图让她的请求听起来尽可能吸引他，这是她在一次又一次未能让自己的需求得到满足之后所采用的一种生存技能。

最终，肯德尔开始完全封闭地看待自我。她在内心筑起了高墙，停止了与丈夫的沟通，并在情感上封闭了自己。如果她知道最终结果，那么一再地尝试又有什么意义呢？谁又能责备于她？

如果你发现你经常感觉自己好像是在法庭上，要为自己进行辩护，并寻找证据来向伴侣证明你的需求或愿望是合理的。那么毫无疑问，你正处在一段操控性关系甚至是虐待式关系中，无论他把自己包装得多么令人信服。如果你觉得你不得不一直为自己解释，而伴侣对你说的每句话都吹毛求疵，那么你们的关系就不健康了。无论你是为某件事请求他的许可，还是向他传递一些信息，如果你害怕对方的回应，那么你就成了伴侣在某些时刻实施虐待的直接对象。你的恐惧是他对你进行攻击和控制的后果，这让你感到无助。

感情本不应该这么艰难。你不应该感觉自己在你们的关系里持续地逆流而上，并因此精疲力竭。你应该觉得你的伴侣想要理解你，而不是反驳你；你应该觉得你的伴侣是一个真正的伙伴，一个能与你共度一生的人，而不是一个与你作对的人。

施虐者强大的防御能力和操控能力

施虐者是操控大师。他在回应时含糊其词，他不愿向你提供信息，因为他认为这会让你处于优势地位。他小心翼翼地审视着自己透露给你的信息，而不提更大真相中的种种细节。他从闪烁其词中得到满足，因为这能让他感觉到自己"高高在上"。既然他能利用信息来获取权力和控制他人，他自然而然认为你也会这样做。他因自己能如此灵活应变而感到自豪。

他可能还会觉得自己受到了委屈，或表现得好像他是在好心为你一样。他的解释似乎显得合情合理，这让你更难看清到底发生了什么。他清楚你的弱点，并知道如何利用它们为自己谋利。他可能比你更了解你自己，因此能预测你对事情的反应。他非常擅于扭转局势，让一切都变成你的错，他不用为自己负责，所以他总是能做受害者。如果你就此与施虐者争辩，那么他就会把自己对你的虐待最小化或直接否认虐待过你。他经常就一些你没有做的事指责你，而其实他才是应该为做了这些错事而感到内疚的人。无论你何时面对施虐者，你总会觉得是自己错了。即使你尽最大努力维护自己，你也会发现自己正在向你的伴侣让步。一些精明的施虐者从不大声嚷嚷，也不实施肢体上的行动。然而，这种深度的操纵行为可能是最具破坏性的行为之一，因为它会导致你质疑自己并且丧失自信心。这造成的创伤通常很深，即使这段关系结束了，你往往也会留下严重的伤疤。

与施虐者对抗是一场令人精疲力竭的锻炼，因为你会为了表达诉求而把自己扭曲得像椒盐卷饼一样。不管你指出什么，他都可能以一套无懈可击的逻辑回击。在争执中，他会夸大一小部分真相为自己辩解，让自己更可信，但一旦你有什么过失，他就会添油加醋。这破坏了你对现状的分析，留下你一再地质疑自己。他的逻辑似乎很合理，而且讲话时往往摆出一副镇定的样子。你越是强烈地表达自己的感受，他就越是淡定，指出你是多么"失控"和"疯狂"。

当大多数女性寻求帮助时，她们已经陷入了多年的情感旋涡，她们自己也在怀疑自己的头脑是否清醒。

亚历克斯

亚历克斯在一个宗教家庭长大，在这样的家庭里，离婚是不被接受的。她和她的丈夫已经结婚 15 年了，育有 5 个孩子。亚历克斯的丈夫英俊、富有魅力，在事业上非常成功。她最初被他吸引是因为他很聪明、头脑冷静并且善于交际。当我遇到亚历克斯时，我立刻被她的聪慧所吸引。她很时髦，同时又有一些烦躁不安，这似乎与她保守的背景形成了鲜明对比。

亚历克斯描述，她与丈夫之间的分歧是由她"过度情绪化"导致的。她的丈夫不喜欢亚历克斯表现得悲伤或生气，如果她表现出这些情绪，那么他就会很快指出她有这样的感受是错误的，并列出全部原因。他会用他所谓的现实主义来提醒她，因为这种现实主义对她来说好像是合乎逻辑的，她很容易认为自己是有错的一方。

亚历克斯曾经也伶牙俐齿，但随着婚姻中出现越来越多的压力，她也需要越来越努力地向丈夫解释自己和自己的感受。她知道，如果她带着任何情绪表达她的观点，那么她的丈夫就会不理她，所以她得努力确保自己在讲话的时候保持冷静和超然。但是，这似乎并没有用。她的丈夫仍然不愿理解她的观点，也不承认她在任何事情上的需要。即使她已经能慢慢地、平静地面对他，他也还是会叫她"平静下来"或说她"精神不正常"。亚历克斯说："不管我做什么，他都像一块巨大的石头，一动不动。"这种令人沮丧的互动关系开始激怒亚历克斯，因为她觉得自己在感情中被忽视了，而且越来越无助了。

亚历克斯之所以来找我是因为她觉得自己"快要疯了"。

在过去的10年里，她曾经去找过几个精神科医生，还被诊断出各种各样的情绪紊乱障碍。她在混合服用药物，大部分药物是为了抵抗其中一种有效药物的副作用。我怀疑自己是否能帮到亚历克斯，但在她的无助中存在一种决心，我被她的坦诚以及她对所发生事情的探索意愿所打动。

在几次治疗之后，我很清楚是什么导致了亚历克斯的情绪紊乱和痛苦。亚历克斯嫁给了一个施虐者。多年以来，她忍受了许多微妙型虐待。这些虐待主要是针对她的，有时也针对他们的孩子。虐待已经让她付出了代价，而且她深信是自己的情绪不稳定导致了所有家庭问题。

有一件事让亚历克斯感到特别痛苦。在接受心理治疗几个月之后，她才愿意敞开心扉，告诉我这件事。

一天晚上，孩子都睡着了，在承受了她丈夫几个小时的言语攻击之后，亚历克斯试图退出这样的情境，寻求一些空间，最后她从前门往外面走。但是，她丈夫还是不打算作罢，所以他挡住了她的去路，不让她逃脱。随着他的攻击升级，亚历克斯开始变得惊慌失措，因为她无法脱身。他贴近她的脸，她用力推他的胸部，想把他推开。最后，亚历克斯握紧拳头使劲捶她丈夫的肩膀，想让他走开，当她这样做时，他故意把头往她面前移动，导致亚历克斯在这一过程中手腕骨折了。

亚历克斯的丈夫声称她是施暴者。每当她回忆起这件事时，她都感到无比羞愧和痛苦。因为她打了他的脸，她丈夫"有理由"说她是施虐者，她因此开始质疑自己。

更让她感到羞愧的一点是，亚历克斯的家人站在丈夫一边，这让她感到自己被彻底地出卖了，并且自己处于孤立无援的状态。她的家人称赞她的丈夫，说尽管亚历克斯"反复无常"，但她丈夫还愿意和她一起生活。他抓住每一次机会，利用这一点来对付亚历克斯，提醒她很多人都看得出她是多么糟糕。

后来，亚历克斯的丈夫私下向她坦白，他是故意挪动自己的脑袋来让自己挨拳头的，从而"把她吓到屈服"。他说自己的行为是完全正当的，因为亚历克斯没有顺从他——她当时正要离开。

当亚历克斯来找我时，我告诉她，她正处于一段虐待式关系中，而她的丈夫是施虐者。起初，她很难相信我的话。她丈夫的逻辑似乎很合理，因为当他把这件事归咎于她时，他显得很平静，有一种实事求是的态度。亚历克斯早已经习惯了在这段关系中承担所有的责备，当她丈夫歪曲事实，把责任推给她时，她也接受了，所以她没有其他设想。她曾尽力在丈夫面前保持理智，但多年来她变得越来越愤恨，因为她所有的努力似乎都无济于事。好像她的丈夫在他们的关系中一直是受害者，因为他的逻辑总是看上去合情合理，而她很快就会接受指责。

由于觉得自己是他们关系中所有问题的根源，她对自己很失望。因此她几乎不可能接受她其实也有一些基本人权的观点——其中之一就是，当她感到受威胁时，可以从家里离开。

亚历克斯现在过得很好。她是我所见过的最正直、最讲理的女性之一！她和丈夫离婚了。她已经恢复了她的幽默感，有了一些兴趣爱好，并成了一个很好的母亲。她的决定是合理的，尽管她偶尔被前夫所说或所做的事情所触发，但仍能客观地审视这些事情，并能看穿这些操控手段。她很高兴能重新掌控自己的生活。

任何与施虐者有过情感关系的人都可以证实，想要与施虐者进行一场使每个人的需要都获得满足的富有成效的交谈是非常困难的。施虐者通常会在一个问题上采取坚定的立场，不愿考虑别人的立场或需要。这让你在你们的关系中感到无能为力，所以你努力寻找解决方法来吸引你的伴侣，以便他可能会因为你以正确的方式接近他而考虑你的需求。但是，他并不会。

施虐者会对任何类型的问题都做出攻击性反应。施虐者高度的防御性，加上他缺乏为自己的行为承担责任的意愿，会让你想要避免任何可能导致冲突的情况。简而言之，让你自己遭受接下来的猛烈攻击是不值得的。

我曾经听闻，有人形容这种情况就像是捅了马蜂窝。一旦你跨过了那个界限，你就无法摆脱它。即使施虐者起初反应平静，他也会让你以后为此付出代价。因此，如果你决定提出某个问题，那么你就得学会谨慎地措辞。你很快就学会了如何在施虐者周围"踮起脚尖"，尽你最大的努力避开过去曾让他反应剧烈的各种地雷。即使没有提及什么重要的话题，这种互动形式也会形成。

萨曼莎（第一部分）

萨曼莎的父亲在她童年时期就在军队服役，所以她小时候便随着父亲满世界跑。在萨曼莎18岁时，她决定跟随父亲的脚步参军，并且不在美国生活。萨曼莎在军队中表现出色。她既坚韧又自信十足，这两种特质使她得以迅速晋升。

萨曼莎在她35岁左右的时候回到了美国，不久就遇见了她的丈夫。他们在结婚前交往了6个月，婚后不久就有了孩子。他们两人共同商议决定，由萨曼莎留在家里照看他们的儿子。

当萨曼莎第一次来找我的时候，她已经在家做了将近13年的全职妈妈。她长期处于抑郁状态，所以决定开始治疗。在她儿子上学期间，她大多数时候都躺在床上看电视。另外，萨曼莎告诉我，她有酗酒的问题。每天傍晚 5 点钟左右的时候，她都会经历严重的焦虑，有时这甚至会演变成惊恐发作。

萨曼莎形容她的丈夫是个"独裁者"。她说，在他们刚结婚那会，她就发现他喜欢以某种特定的方式做事，而且如果她不遵守，他就会"爆炸"（大喊大叫）。我问她是如何应对这件事的，她说只要完全地按照丈夫的意愿去做，事情就能顺利进行。

但是，我不相信她说的。所以，我继续深挖。我问萨曼莎，当她丈夫"爆炸"时她是什么感受。她说她会受到惊吓，并试图尽快使他"冷静下来"。我问这些事的发生是否改变了她与他的互动方式，她开始哭泣。萨曼莎说，她一句话都不敢多说，因为她不知道什么话会"惹着他"。大多数时候，他沉默寡言、性格孤僻。她从来不知道，他是因为工作上的事生气，还是因为她感到恼火。她太害怕了，所以不敢问，她害怕她的询问会让他对她大发雷霆，所以最好保持沉默。这已经成了他们相处时的常态。

在听了萨曼莎描述她的日常生活后，我豁然开朗，萨曼莎喝酒是为了克服焦虑和恐慌。酒精是她知道的唯一可以使她安定下来的东西，一旦她喝过一杯，就很容易一杯接着一杯。当我问她傍晚 5 点左右会发生什么事时，她说她通常在准备晚餐，她的丈夫一般会在晚上 6 点左右到家。

这时候，我开始问萨曼莎有关她丈夫的问题，以及他晚上回家后的情况。萨曼莎又一次说，她的丈夫喜欢用某种特定方式行事。他有自己喜欢且期待的特定食物。如果在下班后走进家门时，她丈夫期待的热气腾腾的晚餐没有出现在餐桌上，而屋子也没有收拾得干干净净，那么她就会成为他口头辱骂的对象。他会当着儿子的面冲她叫嚷或批评她。

如果萨曼莎当面质问丈夫的行为，那么他就会反过来指责她，说她不知道感恩。萨曼莎并不想忘恩负义。毕竟，她很感激他为他们创造的生活。她对自己的抱怨感到内疚，并决定对自己所拥有的一切表达更多的感激。萨曼莎不喜欢她丈夫的行为，但她认为自己也不完美。

萨曼莎很快就学会了遵照她丈夫的意愿做事，因为不这样做是要付出代价的，这不值得。当然，这是他们关系中普遍存在的模式。萨曼莎所需要满足的愿望并不仅限于做晚餐和打扫房子。如果她没有猜到他的心思并满足他的需求，那么她就会受到惩罚。他会冲她嚷嚷并贬低她（注意他的行为是如何奏效的，每一次他都能得逞，从而强化了他这种言语上的虐待行为）。因此，她在每天傍晚时分开始出现严重的焦虑的情况就不足为奇了，因为她丈夫快要回家了。

攻击，甚至是被动攻击，在关系中产生了一种基于恐惧的互动模式，所以即使事情进展顺利，潜在惩罚的威胁也仍然存在。很明显，这会在你内心形成一种低水平的慢性恐惧。久而久之，你会变得焦虑起来。你永远不知道自己什么时候会成为伴侣的反对对象或惩罚对象。你一直有种感觉，那就是"另一只鞋随时要掉了"。即使你遵从他的期望，你也知道他会在其他方面吹毛求疵。你感到身体紧绷，就好像一直要为潜在的打击做好准备。你还可能会发现自己的睡眠质量不如从前。如果这种模式持续下去，那么你就会变得郁郁寡欢。你过去对伴侣的亲密感已经慢慢消失，取而代之的是一种取悦他的冲动，你期望得到他的认可，以便让你觉得你们还是连在一起的。

施虐者从不肯承担责任，他很可能会把责任推卸给你，让一切都变成你的错。这是他的计谋之一。他会通过提出另一个你应该受到责备的问题达到这样的目的，或者说他的行为是因为你处理不当而做出的反应。施虐者善于扭转局势，他们的手段有时会很微妙，你甚至都没有意识到发生了些什么。如果你总是心情不好地离开，就像一切都是你的错一样，那么你就需要开始少关注争论的具体内容，更多地关注争论时的沟通方式。

当你能客观地看待这种状态背后的机制时，你很可能就会看到有危害的模式正在发挥作用。停下来，继续把话题带回到你真正想讨论的点上。不要因为他分散你的注意力而转变话题，这是一种需要你采取防御措施并离开话题的方法。把他的指责丢到一边，继续回到正题上来。

施虐者的另一个重要特征是，他的逻辑听起来似乎很合理。施虐者非常善于利用逻辑来维护他们的观点，并对你的感受视而不见。这让你感到很困惑，你通常会责备自己是如此不理智。当你的伴侣忽视你的感受时，你会感觉很糟糕。他似乎总是那么冷静和理性，而你则是情绪化的、不理性的。这会让你觉得自己快要疯了。如果你的伴侣好像总是对的，而且事实也支持他，那么这看起来就更加困难了。这是更大的计谋的一部分。施虐者会尽其所能地推动你，他通常显得既冷静又合理。他越冷静、越有逻辑，你就会变得越情绪化，并且因为他似乎无法理解你的感受而感到悲伤。当你变得越来越情绪化、越来越沮丧的时候，他会平静地后退一步，用手指着已经歇斯底里并且"发疯"的你。在他的世界里，沉着冷静的人赢了，就如他刚刚那样。

施虐者从不负责任

施虐者既不对自身负责，也不对自己的行为负责。他把问题具体化，通过把自己的行为归咎于别人来为自己辩解。错总是别人的。施虐者想让你着眼于其他的事情，这样你就不能发现到底发生了些什么。这使得施虐者可以表现出攻击性，同时免受任何指责或后果。他把自己的逃避行为作为自己没有做错任何事的证据，从而为他的攻击行为辩护。

当我们做错事的时候，大多数人都会感到内疚，我们会体验到罪恶感。于是，我们学会了对自己所做的事情负责，并努力把事情做得正确。但这不是施虐者的信条。当施虐者做错事时，他要么感觉不到内疚，要么压根就不想感到内疚，所以他会为自己的行为辩护。为了避免承担责任，他会指责受害者，从而方便自己实施虐待。

凯瑟琳

凯瑟琳年近 40 岁，是一位能力极强的专业人士。不管她的心情如何，她总是在脸上挂着笑容。当凯瑟琳来找我时，她已经和丈夫离婚了，但她仍然因为这段婚姻而感到有压力。她的丈夫（现在的前夫）习惯对她进行身体上和言语上的虐待。

和其他虐待式关系一样，在周期性的言语虐待之后，身体虐待也开始出现在这段关系中。起初，言语虐待并不明显。当凯瑟琳使用洗手液，并给他们的儿子吃一种复合维生素时，丈夫便会小题大做，"开玩笑地"称她是一个有控制欲的母亲。另外，他还取笑凯瑟琳的家人，尤其是她哥哥。

慢慢地，凯瑟琳发现自己在做一些小决定时越来越不自在。决定从哪一家餐厅订外卖是一件让人彻底焦虑的事，因为不管凯瑟琳选择哪家餐馆，她的丈夫都会因为对食物挑剔而给她脸色。如果凯瑟琳让她丈夫挑选餐馆，他就会因为她让他"处理这件事"而生气。凯瑟琳觉得自己好像怎么做都不对。不管她做了什么或没做什么，她丈夫都会生气。很明显，这种互动模式几乎延伸到了所有事情上，而不仅仅是订外卖。

那时，凯瑟琳变得越来越焦虑，但她很难真正理解其中的原因。她知道她的丈夫难相处，但她认为自己可能也是这样的人，所以她并没有因此反驳他。她知道，让儿子和丈夫单独待在一起，她会很不放心。但那仅仅是因为他是一个"男人"，而"男人是不知道该怎么照料小孩的"。凯瑟琳打消了自己的顾虑，以及她对丈夫的不信任。

当我问凯瑟琳是什么让她决定离开她的丈夫时，她告诉我，那次争执是最后的转折点。

有一天晚上，凯瑟琳的丈夫喝多了，凯瑟琳知道当儿子入睡后，这将是一个糟糕的夜晚。当她走进卧室时，丈夫开始对她和她的同事进行没有事实根据的谴责（其实什么都没有发生，但她的丈夫占有欲很强，并且偏执多疑）。凯瑟琳试图向丈夫保证，说她一直对他很忠心、很爱他，但这激怒了他。他开始大喊大叫，骂她，然后把她推进客厅，把她撞到墙上。凯瑟琳重新站起来，跑到另一个房间，锁上门，并且报了警。

当警察赶到的时候，凯瑟琳的丈夫把自己的行为归咎于凯瑟琳，并威胁警方，让他们离开。后来，他被逮捕了，受到了严厉的惩罚，因为任何人都不能威胁一名执法者的生命。

时至今日，凯瑟琳的丈夫仍然因为他被捕受惩罚而指责她，却不提自己曾殴打她，把她扔出房间，并且威胁她和执法人员的生命。无数的女性都经历过相同的故事，她们常常会相信施虐者为了博取同情所描述的关于他们面临的后果有多可怕的假话，并且责备自己牵连了他，使他被捕。

实际情况是，施虐者从来不认为自己有责任，这是他不太可能改变的关键原因。为了让改变发生，一个人必须承认他的行为是有害的或是起反作用的。只有当一个人真正愿意对他的行为负责时，改变才可能发生。而且，承担责任只是改变行为过程中的第一步。真正的改变是很困难的。它需要谦逊、内省、自我觉察和持续的努力。施虐者会将自己的行为归咎于他人，这样他就不会被要求承担责任或做出改变。

判断一个人是否为潜在的施虐者的最简单的方法之一是，看看存在问题的这个人是否从不对他的行为负责任。这种模式通常可以拓展到婚姻关系之外，但在婚姻关系中这种模式最为显著。施虐者不肯对自己的任何关系或工作负责，这是很常见的。如果他不断地把自己的不幸归咎于别人，或为自己的不良行为辩解，把责任推卸到他人身上，那么仔细进行一下研究就很有必要了，因为这是施虐者习惯的模式。

施虐者通常伪装为受害者

扮演受害者的角色，可能是施虐者最有效的操纵手法。他能巧妙地伪装成受伤的一方，并隐藏自己的攻击行为。他非常擅长让你对他产生歉意，他也知道该触发什么按钮来博取同情。

他能留下鳄鱼的眼泪，精心编出悲伤的故事，甚至佯装生病或威胁要自杀。而且，因为他真的相信自己在任何既定条件下都是受害者，所以他非常有说服力。他会巧妙地使你相信，你就是那个虐待他的人。施虐者的伴侣通常是一个非常有同理心的人，施虐者的故事很可能会拨动她的心弦。

很多找我咨询过的人都向我解释，对她施虐的人的童年过得有多么艰难，她们还会详细说明他们所遭遇的一切。她们总会回想起施虐者的童年往事，并以此解释其虐待行为的合理性，至少她们会为施虐者感到惋惜，并觉得放任他以施虐的方式行事也说得过去。施虐者的伴侣可能会说，她们是唯一理解施虐者或真正知道他经历过什么的人。施虐者的伴侣相信，如果她能给施虐者多一些爱，就能疗愈他，让他不再施虐。

虽然这种合理化其行为的做法对于富有同情心的伴侣来说是讲得通的，但事实是，我们都必须对自己的行为负责。我们会感受到各种各样的情绪，但我们大多数人都知道，不能带着这些情绪做事。我们过去都有创伤，但我们不能将其作为伤害别人的理由。当我向来访者询问她们的过去时，她们也都能回忆起痛苦的经历。当我问她们，是否会把她们的痛苦作为发泄情绪或伤害别人的理由时，她们露出一种惊恐的表情，紧接着笃定地回答"不会"。

扮演受害者是施虐者惯用的一种手段，这可能是他最高深的计谋之一。成为一名受害者对施虐者大有裨益，因为这让他可以随心所欲地行事，这使得他从他的伴侣那里得到了一张免责证。施虐者不必对自己或自己的行为负责。这听起来多方便，是吧？

其实我们每个人都会碰到糟糕的事情。我们会遇到难相处的人、难应付的老板，或者我们可能会与家人、朋友产生摩擦。有发泄、倾诉或哭泣的需求很正常。可是，对于施虐者而言，存在这样一种模式，即错误都是别人的，不幸也是他人自找的，而不是施虐者引发的或需要承担责任的。施虐者经常很偏执，认为每个人都试图妨碍他。

受害者情结在施虐者的沟通方式中也很明显。施虐者会以书面文字或隐喻的方式对你施加压力，直到你受够了，直到引起你的反击。这时候施虐者就会往后退一步，用手指着你，说你才是问题的根源。

一种典型的情况是，当施虐者因为某件事生气的时候，他会直接骂其伴侣或用某种方式贬低她。她可能在一开始会忍受，但当到了忍无可忍的地步时，她就会说一些出格的话。当这种情况发生时，她通常处于情绪高涨的状态。这时施虐者会迅速地（通常是平静地）后退一步，声称他才是受害者，而他的伴侣是作恶者。他觉得自己的指控很有道理，因为是她"失控的"（她有情绪上的反应），并且说了一些过分的话。因为她很快就会承担起责任并感到内疚（这是她个性的一部分），所以她对他受到的"伤害"深信不疑，因为她也可能对自己的举动感到震惊。久而久之，施虐者会在他的脑海中收集这些片段，对她"虐待式的"言论或行为怀恨在心。在某些情况下，他会利用她的这些反应作为对付她的手段。

凯特

凯特40岁出头，是个充满活力的高个子女人。她和她的丈夫育有三个孩子。凯特是在大学里与她的丈夫相识的，相处不久后便订婚并结婚了。凯特很快怀上了他们的第一个孩子，他们决定让凯特辍学，以方便照顾孩子，这样也能支持她丈夫的事业。过了几年以后，他们又生了两个孩子。

凯特曾把她的婚姻描述为"暂时还行"，直到他们有了第二个孩子。凯特说，在那次怀孕和分娩后，她一直在与产后抑郁症做斗争，而她的丈夫"完全不给予支持"。凯特说，她的丈夫只是让她"克服它"，如果她不能处理好其他女性都能处理好的事情，那么问题就出在她自己身上。

凯特的丈夫曾很长一段时间不工作。他频繁跳槽，有几次是彻头彻尾地转行，所有这些都发生得很突然，其间也没有任何其他可以支持他们的收入。凯特希望她的丈夫在事业上能顺心，并相信他有在任何地方都取得成功的潜力。她对丈夫有坚定的信念，会毫无保留地支持他所有的职业冒险，而不去想丈夫的行为是不是他的惯有模式。

这些年来，凯特的丈夫对她的言语攻击变得越来越严重。起初，凯特会奋起反击，丈夫偶尔也会道歉。但随着时间的推移，争吵变得越来越频繁，持续时间也越来越长。很快，凯特就开始成为那个事后道歉的人了，她只是希望这样做能停止争吵。

然而，凯特的道歉似乎并不足以安抚她的丈夫，反而让他更愤怒了。当丈夫开始对她进行言语攻击时，凯特经常会躲到壁橱的安全处。她会蜷缩成一团，试图让自己变得尽可能小，但他会跟着她进去，继续骂她。当凯特最终反击，哭着对他大喊大叫的时候，她的丈夫就会恢复镇定，什么话也不多说，并平静地把她的声音录下来。

之后，凯特威胁丈夫说，如果他的行为没有改变，那么她就会离开他。这时她丈夫就会把录音回放给她听，并要挟她说，如果她这样做，那么他就会得到他们三个孩子的抚养权，因为她的心理状态显然很不稳定，不能胜任母亲的角色。他告诉她，他是她暴脾气的受害者，因为他是一个"好人"，并且很关心她的幸福，所以尽管很明显他是受害者，但他愿意进行配合，与她维持这段关系。

凯特生完第二个孩子时，她的丈夫就对她的抑郁情绪缺乏同理心。他不仅不关注她的抑郁情绪，还因为她有抑郁情绪而表示不满。随着时间的推移，凯特感到丈夫对她的尊重越来越少。当她反击并为自己辩护时，她的丈夫就会把局势扭转，仿佛他才是受害者。然后他会利用这一点来要挟凯特，让她不敢离婚。

留意施虐者是如何谈论他的童年、过去的人际关系和工作经历的。如果其中有一种模式，即坏事情反反复复发生在他的身上，并且都是经别人之手造成的，那么你就要注意了。他的经历也许是完全可信的，但鉴于存在这样一种根深蒂固的模式，问题很可能就出在施虐者自己身上。

对于男性施虐者来说，与有权势的女性（比如女老板）产生矛盾并不罕见。听听他是如何谈论身居要职的女性的，他提及她的话是充满尊重的还是无礼的？例如，如果施虐者称呼前合作伙伴时用了带有侮辱性的词，或有因为行为问题而被公司解雇或自己放弃工作的历史，那么这些都是某种模式存在的警示信号，并且这是你无法改变的。

推—拉模式

　　虐待式关系中最令人迷惑的一个方面是推—拉模式。施虐者并不总是卑鄙、残忍的，否则你会毫不犹豫地离开他。每个人都有一些能吸引别人的地方。施虐者有时会"展现"这些迷人的品质，对你非常友善和亲切。这不断提醒你，你是多么幸运，因为他想着你并爱着你。当他觉得必要的时候，他可能会对你赞不绝口。然而，一旦你变得信任他，他觉得你又在依赖他时，他就会再一次打击你。[10] 在你觉得事情进展得挺顺利的时候，你会再次感到困惑，并纳闷究竟发生了什么，你想知道自己到底做了什么触发了他对你的攻击。在每一次的爆发之间，通常会有一段平静而相对愉快的时光，这给了你一种虚假安全感。与此同时，你也会为不确定何时以及是否会再次遭受攻击而感到恐惧。

　　虽然他残酷无情、损人、吹毛求疵、刻薄并且虐待你，但他有时也很热情，他很关注你，并且看起来富有同情心和爱心。当他处于这样的状态时，你会非常感激他，因而更加亲近他。你努力想让他维持这种状态，期望只要你做得足够"好"，他就会继续爱你、善待你。你甚至会觉得，你们曾一起经历过一段艰难的时期，你们都因此变得更加坚强。如果他承认自己给你造成过痛苦，通过这种貌似同理心的回应，你会认为他开始理解你，你也会觉得跟他产生了更多的连接。然而，这并不是真正的同理心，因为如果是，他就不会继续对你施虐。

施虐者必须保持迷人和成功的形象，这不仅是为了防止你离开，也是为了维护他在外人面前的形象。施虐者并不愚蠢，他们中的大多数人都非常清楚自己的施虐模式。他知道，如果外界能看到幕后的真实情况，他可能就会面临被"点名"或被疏远的风险。他也知道，如果外界认为他是一个好男人，继而就更可能支持他而不是支持你。这一切都增加了他的力量，而你被孤立了。但是，至少在很长一段时间内，你都可能对这种模式毫无觉察。

施虐者知道他能把你推得有多远，然后再退让。因为虐待是逐步升级的，风险会逐渐增加。施虐者很清楚他上次推了你多远，而且他清楚自己侥幸逃脱了惩罚。这就提示施虐者，他可以再次从相同的行为中逃脱，然后得寸进尺。每一次，施虐者都会多逼近一步，直到他实实在在地把你逼退到一个小角落里。在他看来，他胜利了，因为他已经确立了自己的统治地位。如果你试图走出那个角落，那么他就觉得有责任把你逼回原位。当他将你置于他想要安放之处，而你不能动弹的时候，他就可以放松下来，用他的方式让你们之间的关系"保持平衡"。

戴安（第一部分）

戴安和现任丈夫结婚将近20年了，不过他俩之前都曾有过婚姻史。她被他的运动天赋和个人魅力所吸引。现任丈夫事业有成。戴安在经济上独自挣扎了一段时间后，便再次结婚，这让她松了一口气。

戴安的现任丈夫很刻板。戴安解释说，他因对工作要求很高而精神紧绷。他还喜欢喝酒。虽然不是每晚都喝，但他一开始喝，不连续喝上几杯就停不下来。在他们刚开始交往的时候，他并不经常喝酒，但慢慢地，他的这一行为变成了一种习惯。

在他们交往早期，戴安注意到，当他们和朋友一起吃饭时，饮酒（注意她是如何把饮酒看作问题，而不是他自身的行为的）是一个主要的问题。夜越深，他就喝得越多，他就越会在朋友面前奚落戴安、取笑戴安，并严厉地对戴安指指点点。

一天晚上，他对戴安说的话太过无情，气得她当场离开了餐桌。而他不顾戴安的离开，在酒吧里一直等着其他人吃完晚餐。回到家时，戴安不理会他，独自在另一个房间睡觉。第二天早上，戴安和他对峙，并告诉他，自己不能再容忍他那样对自己。他感到非常抱歉，声称他前一天晚上说的话不是那个意思。他恳求戴安让他进行弥补，戴安勉强答应了。

在接下来的几周里，他给戴安送花、写情书、拥抱她、亲吻她。他完成了她一直以来想要他在家里完成的仪式感。他告诉她自己有多么爱她，她让他感到如此幸福。戴安对自己有一个如此体贴的丈夫而感到安心和感激。

几个月过后，戴安和现任丈夫又一次出去吃晚饭，这次是他们的结婚纪念日。他们坐在酒吧里，一边喝着酒一边等晚餐。戴安对这次和丈夫外出约会感到很兴奋，然后她意识到，他似乎更关注为他们提供鸡尾酒的漂亮女服务员。他特别喜欢和女服务员聊天，问了她很多问题，并夸赞她的身材很好。戴安瞬间意识到，这就是他追求自己时所施展的手段。她难以想象当自己不在场的时候，他跟别的女人能有多暧昧。因为当她坐在他旁边的时候，他都表现得这么过分！

戴安心里很不是滋味。当他们离开吧台走向餐桌时，她告诉他，他跟另一个女人调情的做法伤害了她的感情。她说自己因此对他很生气。他表示歉意，并告诉她，他并不觉得那个女人有什么吸引力，他的眼里只有她。他把手伸过桌子，握住她的手，整个晚上都充满爱意地深情凝视着她的眼睛。

戴安的故事还不是推—拉模式中最明显的案例，在最明显的案例当中，施虐者会殴打妻子，第二天却又是懊悔又是忏悔。当然，推—拉模式既存在于这种明显的情况下，也存在于更为微妙的虐待案例中。虐待越为微妙，你就越不相信其背后存在一种模式。但正如你在戴安的案例中所看到的那样，一个不可接受的行为（推）之后，会紧跟着一个关于爱、吸引或懊悔的行为（拉）。这是一个精心设计的互动模式，可以让你即使在受到虐待之后依然沉迷于这段关系。

你会看到施虐者的优点，并把注意力聚焦在其上。你紧紧抓住它们，就像抓住一个救生筏一样，它们是唯一能阻止你被冲到海里的东西。施虐者的这些优点正是最初吸引你的东西，只要你继续关注这些优点，你就不会去审视你们关系中真正严重的问题。你很难承认你们的关系根本不是自己所期望的那样，所以你非常努力地工作，而不顾眼前的一切。

施虐者会在你快要放弃这段关系的时候支持你，每当他觉察到你的不确定性，他就会表现出弥补的意愿，散发自己的迷人特质。在施虐者对你做出虐待行为，或他被发现做了一些他本不应该做的事情之后更是如此。每当施虐者做了一些离经叛道，甚至是他自己都无法说出口的行为时，他就变得非常懊悔。他可能会表达歉意，表现出爱心和专注，做所有他知道你所期望的事，包括对未来做出承诺。由于你已经在这段关系中投入了很多，此时你心中重新燃起了希望。你认为，这一次他也许会真的如所说的那样去做，事情将会有所改观；既然你对他这么重要，这次他一定有动力去改变。你抱持着这份希望，直到虐待一次又一次地发生。

对于施虐者来说，推—拉模式是非常奏效的，因为它让你处于一种持续的混乱状态。你不知道哪个才是你伴侣真正的样子：他是一个爱蔑视人、爱贬低人、爱挑剔人的残忍之人，还是一个知错、专一、深情和充满爱意的人？你当然希望他是后者，所以你选择相信后者就是"他真正的样子"。你会为他那些令人难以接受的行为找各种各样的借口，声称这源自他童年的创伤，或仅仅是对你或其他人所做的事情做出回应而已。当他受伤时，你会感觉自己与他更亲近了，你告诉自己，你是唯一理解他的人。他通过渲染自己的受害者情结来满足你的想法，并让你确信你是唯一一个曾经完全理解并且永远能完全理解他的人。

施虐者易嫉妒

任何与你有关联的人都会让施虐者感受到威胁，包括家人、朋友，甚至孩子。施虐者的嫉妒和领地意识表现在多个层面。因为施虐者觉得你是他所拥有的人，他认为自己应该对你在其他关系中的亲密程度拥有全部发言权。你是他的个人"物品"。施虐者的嫉妒源于你把时间和注意力集中在别人身上，而不是在他身上。然而，这只是一种外在表现。在潜意识里，他视你与其他人之间的关系为威胁，因为这会让他不自信，以及对他与你的关系感到不安。施虐者在某种程度上知道他的施虐行为是不对的，他知道如果你还有其他关系，那么这将增强你的自信心并为你提供支持，这两方面都让你能更容易离开他。

施虐者的需求必须在其他人的需求之前得到满足，否则就得有人为此付出代价。这意味着他需要你的关注。不同的人有不同的需求，但如果你仔细观察施虐者，你很可能会观察到，他们就像爱发脾气、冷漠不已的孩子，他们会在不能如愿时骂骂咧咧。一旦你有了孩子，这一点就变得更加明显了。孩子需要你的关注，而这是施虐者第一次必须分享来自你的关注。他不想被孩子抢走你的关注，也不想让别人知道这一点。一位来访者跟我说，她的丈夫非常嫉妒她给儿子喂奶。他对她照顾女儿感到无所谓，但每当她照料儿子时，他就会嫉妒得发疯。每当她需要照顾儿子时，他都会言语粗鲁，他对这个孩子极其怨恨、格外冷酷。

当听到"嫉妒"这个词时，我们大多数人会想到施虐者嫉妒另一个争夺他伴侣注意力的男人。有些施虐者会表现出极端的嫉妒，但更多施虐者的嫉妒要微妙得多。施虐者经常嫉妒你与家人或同性朋友的关系。起初，这种嫉妒会以一种看似无害的方式呈现出来。他会轻微地贬低你的朋友或家人，巧妙地通过调侃来加以掩饰。如果他担心某个异性对你感兴趣，那么他就会变得咄咄逼人，开始贬低那个人。他可能会攻击你、辱骂你，暗指你太轻浮。如果你当面质问，说他讲的话太过伤人，说他的行为已经越界，那么他就会说你太敏感，连开个玩笑都不行。

随着时间的推移，他的评价会变得更加尖锐，于是你不得不为自己所爱之人辩护。如果他意识到你生活圈里的其他人不喜欢他，那么他就会变得更为狭隘，他对他们的愤怒和怨恨也会加剧。他会暗地里或公然破坏你与他人的关系；他会嘲笑你所爱之人，贬低他们，或声称他们对你有不良影响。如果你不减少与他所针对对象的联系，那么他就会指责你选择"他们而不是他"。他甚至可能会要求你把他们完全从你的生活中删除。

他越是意识到你从一段关系中得到了支持并因此变得更自信、更强大，他就越有可能采取这些计谋。在他看来，你所爱的其他人是他主要的威胁，因为这代表除他之外你还有自己的生活。

施虐者会指出他完全忠诚于你的各种表现，并质问你为什么不因此对他完全忠诚。你在他的论证中看到了合理性，并感到内疚，因为他找到了你不忠的理由。你努力想证明他的指控是假的，即使这意味着要把别人排除在你的生活之外。

施虐者在攻击你所爱之人时是很聪明的。他知道不能说一些关于他们的不实之事，所以他对你的朋友和家人的抱怨可能有一些真实的成分。结果，你可能会开始维护他，并认同他的指责。一旦你和自己的支持系统之间的根基产生裂痕，施虐者就会利用这一点。他会以非常聪明的方式利用它，他知道能把你推开多远而又不至于疏远你。在你意识到这一点之前，你和所爱之人的关系已经不再那么亲近了，这使得你更加依赖施虐者，因为他已经成了你最主要的"支持者"。

除了嫉妒你与别人之间的关系，施虐者还会嫉妒你。如果他认为你的优点会在某种程度上使他逊色，那么他就会同你竞争。如果他意识到你在某个领域（减肥、升职、获得别人的称赞等）表现出色，那么他就会隐晦地发表负面评论，削弱你的成就感。他会很巧妙地用调侃来掩饰自己的话，但别搞错，他就是故意贬低你。这一点尤其表现在你拥有施虐者没有的东西或完成了施虐者没有完成的事情时。他会感到不安，而他缓解不安的方法就是打击你，让他觉得自己更为优越。你对他的任何赞美，或试图让他自我感觉好一点的努力都是徒劳的。无论你多么爱他、多么努力，你都无法填补他内心的空洞。

请注意，当有好事发生在你身上，比如当你获得令人振奋的晋升机会时，你的伴侣是如何反应的？他是支持你，为你感到激动？还是跟你吵架，编造借口让你失去快乐？抑或是巧妙地破坏你的计划？施虐者十分隐秘地实施破坏，你甚至没能意识到自己已经被耍了，这种情况并不罕见。因此，当你在生活中遇到好事之后，体验你在人际关系中的感受是至关重要的。如果你发现自己会尽量把快乐降到最低，试图向伴侣隐瞒你的好消息，或你因为担心伴侣会以某种方式进行报复而隐瞒信息，那么这就说明你的伴侣有问题了。

施虐者会孤立其伴侣

我们大多数人都熟悉施虐者的典型行为，即把伴侣从她的支持系统（通常是她的家人和朋友）中孤立出去。作为局外人，我们很容易发现这种行为。然而，当它发生在我们身上时，我们就不那么容易看清了。

一开始，施虐者佯装想要接近你生活中的其他人。之后，他会潜移默化地对你说一些关于他们的不诚心的话。他会毫无缘由地制造冲突或戏谑事件。这让你感到困扰，并质疑自己的判断。由于他对你生活中其他人的评论和态度，你开始用不同的方式重新审视你与他们的关系，慢慢地，你的观点与施虐者的观点更为一致。如果你在自己所爱之人面前维护施虐者，那么你的所爱之人就会因为你站在施虐者那一边而感到沮丧；而如果你在施虐者面前保护你所爱之人，那么施虐者就会质疑你对他的忠诚并攻击你。你被夹在中间，感到无助和疲惫。如上所述，一旦你所有其他关系的基础出现裂痕，孤立自然而然就会产生。

克洛伊

克洛伊刚从大学毕业，就与交往两年的男友订了婚。她有着明亮的棕色大眼睛，以及光滑的棕褐色皮肤。她总是穿着色彩鲜艳的衣服，这种风格似乎与她的朝气蓬勃很相配。克洛伊和未婚夫都喜欢动物和孩子，他们都期待着组建属于自己的小家庭。

克洛伊是在一个非常亲密的家庭中长大的。她是四个兄弟姐妹中最小的一个，为了方便让父母带孩子，克洛伊和兄弟姐妹都决定和父母住得近一些。当未婚夫说他也有同样的愿望时，克洛伊倍感高兴。

然而，在过去的一年里，未婚夫和克洛伊之间出现了持续不断的争吵。当克洛伊来找我时，她简直快要疯了，她觉得自己不得不在她的未婚夫和家人之间做出选择。她说："我不知道为什么会搞成这样。"

克洛伊回忆说，刚开始交往的时候，未婚夫非常渴望见到她的家人。克洛伊和她的姐姐非常亲密，所以她先让未婚夫见了她的姐姐。当她的姐姐和她的未婚夫似乎相处得很好了之后，克洛伊又把未婚夫介绍给了其他家人。"在很长一段时间里，一切都很棒。"她说。他们会定期和克洛伊的姐姐聚在一起，也会在克洛伊的父母家里聚餐。

但是，克洛伊想起大约在6个月后，她开始感觉要为自己的家人辩护。"他会说少量的侮辱性话语，主要是关于我妈妈和我姐姐的。有时候我会对他说的话有一点认同，但更多时候我感觉他好像是在夸大其词。"克洛伊试图为她的家人辩护，尝试给未婚夫一个解释。但是，克洛伊的未婚夫似乎并不想去理解她的家人，他也没有因此收敛。随着时间的推移，他对她们的态度其实是越来越刻薄了。

某天晚上，克洛伊和未婚夫与她的姐姐以及一些朋友一起出去玩。未婚夫取笑她姐姐以及她所从事的工作，刻薄地评论她姐姐的工作是毫无价值的。克洛伊的姐姐受到了伤害，并且有些生气。克洛伊试着安抚姐姐，请求她原谅未婚夫的行为，并解释说他并不是故意的。克洛伊没有站在姐姐的一边，这让她的姐姐更加愤怒和伤心。当克洛伊训斥未婚夫的恶劣行为时，他回应说，是她姐姐太敏感了，他只是开了个玩笑。然后，他心不在焉地向她姐姐道了歉，同时辩解称，他说的话只是在开玩笑而已。

几个月过去后，克洛伊的家人开始注意到，她的未婚夫很少参与家庭活动了。克洛伊的妈妈问她是怎么回事，但这一做法却激起了克洛伊的防御心理，她开始为他的行为辩解。克洛伊的妈妈说，自己只是希望他能参加感恩节晚餐，并且希望他对每个人都表现得礼貌一些。听到这话时，克洛伊又生气又难过。当克洛伊和家人不和的时候，她的未婚夫似乎对她更体贴、更温柔了，他安慰她说，自己再也不会让她在他和家人之间左右为难了。他说，对她不得不面对"像那样"的家庭感到很抱歉，他很爱她，无论如何都会支持她。未婚夫的做法安抚了她，同时，她因为家人联合起来"攻击"自己的未婚夫而感到非常生气、困惑、失望。

你可以看到，孤立过程的开始是多么微妙。施虐者会表达他对你所爱之人的忠诚，让你相信他的话。当施虐者短暂地摘下面具，向别人暴露他的本性时，他又会迅速地为自己的行为辩解或表现得自己受到了伤害，以博取你的同情。别人并不会买账，但你会相信他，因为你看到了他那充满爱意的"真实"一面，而别人却看不到。他对你的支持深情而亲切，这证实了你的信念：他是了不起的先生。这其实是孤立的开始。

随着时间的推移，那些曾经被他用来针对别人的东西，现在开始被用来针对你。这通常是在暗地里发生，但也可能是当着别人的面，他会轻视或贬低你，让你产生羞耻或自己不够好的感觉。这不仅会让你质疑自己，还会使别人看扁你，很可能别人也会相应地这样对待你，从而进一步孤立你。他甚至可能会告诉你一些让你听了很受伤的事情，却声称这不是他所想的，而是别人的想法或别人告诉他的。这会降低你的自信，伤害你的自尊。如果你怒斥他的伤害行为，那么他就会采取防御措施，不知怎么的，他的矛头最终又转回到你身上，他会指责你不信任他、过于敏感，或者快步走到你身边试图安慰你（尽管他也是伤害你的人之一）。无论通过哪种方式，你都会对他感到愤怒，你会指责他，而他觉得自己不应受到责备，或者他会说是别人对你而不是对他有看法。

你开始回避，不再和你的朋友及家里人聚在一起，并因此而找借口。在某些情况下，你会因为施虐或你与施虐者的关系而感到尴尬，甚至到了故意和你所爱之人疏远的地步。你把自己的感受藏在心里，因为你害怕你的朋友和家人不理解你，或害怕他们会积极地鼓励你离开他。如果你自己还没有准备好离开，那么你所爱之人劝说你离开的努力也是徒劳的，并且你将会继续避免与他们联系。

外面的每个人都能看得出，你变得只剩下一个躯壳。你不再是你自己。你脆弱，忧郁，焦虑，或兼而有之。你不再参与那些曾带给自己快乐的事。你失去了往昔那朝气蓬勃和活力四射的自我，你对生活的热情已经消失了。

内心深处，你感到失落、孤独和焦虑。你不明白自己为何如此不快乐。你似乎不能安抚自己所爱之人。他们总是对你说要离开施虐者，或他们已经厌倦了你对他们的抱怨而远远地躲着你。你如此努力地取悦伴侣，然而却总是功亏一篑。不管你怎么努力，抱怨和批评似乎都不会结束。你似乎再也不能与他亲近了。你已经成了一个小心翼翼并精于应对他的所作所为的大师。然而，即使是最完美的尝试也会完败，你也早已对满足自己的需求不抱有一丝期望。你变得对一切都感到恐惧。你不再敢于冒险，也不再无忧无虑。在不知不觉中，你会把注意力从你痛苦的真正根源转移到其他事情上，以此来分散注意力。你让自己沉浸在照顾孩子当中，你追逐任何能冲淡自身无助感的事物。你渴望能控制住某些东西，任何东西都行。你的身体变得过度敏感，并出现各种身体不适症状。你甚至感觉到，你连自己的身体都无法控制。为了保护自己，你会变得情绪麻木。现在的你和最亲近的人完全隔离了，最重要的是，你与自己也隔离了。

惩罚

如果你为自己辩护，说了"不"，设定界限或有任何情绪反应，那么施虐者就会因此惩罚你。这是一种报复。他不能接受你声称自己与他是独立的两个个体，他不能接受你有能力从他的手掌里逃脱。他的惩罚有两个目的。首先，他觉得发泄一些自己的愤怒是合理的。第二，他的惩罚是为了警告你，不要和他对着干。

如果施虐者认为你在某种程度上挑战了他或损害了他，那么他无疑会因此而惩罚你。施虐者可能会因为一些你完全不知道的事情而惩罚你。施虐者通常很有求胜心，如果他认为你在生活的某些方面取得了胜利，那么他很可能会因此以某种方式惩罚你。他认为你的成功对他来说是一种威胁，他会通过惩罚这一手段来面对他所感知的挑战。

格雷琴（第一部分）

格雷琴已经离婚好几年了。在发现丈夫有外遇后，她结束了和他的婚姻。她一度以为，她可以放下外遇这件事，但在他们接受心理治疗的那一年里，她发现了许多他在这段关系中一直隐瞒的真相。她觉得自己不能和一个既不尊重她，也不值得她信任的人过日子，但离婚过程很残酷。格雷琴害怕前夫和他所发出的威胁。最后，格雷琴给了前夫所有他要求的东西。

但是，共同抚养孩子是件很棘手的事。格雷琴的前夫似乎不遵守约定。在大多数时候，格雷琴为了避免一场恶战的发生，都是选择随他去了。但有几件事情，格雷琴强烈地需要发泄一下情绪。

举个这样的例子，格雷琴曾与前夫对峙，问他为什么要给他们 3 岁的女儿买非处方药。她的前夫对她不加理会，他说格雷琴的反应过度了，因为她对女儿的保护太过头了。虽然格雷琴很生气，但她还是终止了谈话，审视了自己和她对孩子表达关心的方式，怀疑自己是不是真的保护过头了。

接下来的一次，格雷琴的前夫把女儿送回家时，女儿的长发已经变成齐耳短发了。格雷琴的前夫一声不吭地把装有女儿一簇头发的小塑料袋递给了她。这一行为就是惩罚。

格雷琴的前夫之所以惩罚她，是因为她曾提及给女儿买非处方药的事。他以这样一种方式惩罚了格雷琴，跟她所提的事情没有直接关联。如果她断言这是一种惩罚，那么他就会一笑置之，并告诉格雷琴，把这两者联系在一起是非常不符合逻辑的。但是，这传递的信息对格雷琴来说非常清晰：她最好别跟他过不去。

为了防止你和他作对，施虐者的惩罚总是很严厉。正如前面所讨论的那样，施虐者总能找到扭转局面的方式，让你变成过错方。当你维护自己时，他就会延续这种模式。但是，如果这种模式达不到之前那种效果，并且你立场坚定，那么他就会变得更加刻薄。施虐者很可能会说很伤人的话，对你进行威胁、恐吓，在必要时还会使用武力。施虐者说的话通常可以一下刺痛你，因为他确切地知道什么最令你感到害怕、心烦意乱。

惩罚往往是与孩子有关的。惩罚通常十分严厉，以至于无论你为了维护自己而努力做什么，都是不值得的。所以你退缩了。久而久之，你就成了自己生活中的囚徒。为了在这种关系中生存，你必须放弃自我，放弃自我的需求。其他人不明白你为什么不离开他、不反抗他，但你自己知道为什么。因为赌注太高了，如果牺牲自己，那么你的孩子就会更安全。

施虐者实施的惩罚可以是主动型攻击，也可以是被动型攻击，可以是言语上的，也可以是身体上的，或是两者兼而有之。大多数施虐者对他人实施的惩罚都是经过深思熟虑的，所以当你斥责施虐者的行为时，他可以耸耸肩，否认他是故意这样做的。"撤退"是一种常见的惩罚，它让别人对施虐者无可指责，却让受害者感到恐惧和焦虑。

当一个施虐者完全克制自己的时候，他其实是在实施被动型攻击，这向你传达了一个非常明确的信息，那就是他很生气。你可能会努力去弄明白是什么因素导致了他回避你。你越努力，他就越抗拒你。你学着避免做任何你认为会触发他的惩罚行为的事情，认为你只有避免某些雷区，才能避免被冷暴力对待。

苏珊

50多岁的苏珊是一名退休的特殊教育教师。她声音轻柔，说话耐心又温和。她把自己的大部分时间都奉献给了自己的4个孩子和她工作了近30年的学校。

苏珊和丈夫在大学里相识，不久就结婚了。她被他迷住了，因为他是"所有女孩子都喜欢的运动员"。苏珊说，她简直不敢相信她的丈夫在多年前选择了她，而不是其他女孩。苏珊期望能像她父母曾经那样，举办一场梦幻婚礼。但是，事情并没有如她所希望的那样顺利。

苏珊不明白为什么她的丈夫会在她高兴的时候生气。如果苏珊对某件事感到激动，丈夫就会冷静下来，表现出毫不感兴趣的样子。她为此感到很困惑。苏珊会小心翼翼地接近丈夫，问他是否有什么不舒服的地方，他会用一个简单的"没"字来回答。他的冷暴力有时会持续数周，这让苏珊担心自己是不是做了一些伤害他的事情。

每一次尝试与他接触，苏珊得到的都只是简短而冰冷的回应，有时甚至是粗暴的回应。如果苏珊持续询问丈夫，他为什么要如此冷漠，那么他就会厉声斥责她，认为她小题大做，并指责是她导致了他的反应。他的反应常常使苏珊感到非常畏惧，所以她没有再进一步追问这件事。然后，苏珊会退缩，并感到受伤。

此后不久，苏珊的丈夫就不再沉默，显得似乎很高兴。苏珊仍然会被他的反应伤害到，但当她倾诉自己的感受时，丈夫只会打发她，说她太较真了。苏珊则会继续与自我保持情感上的疏离，试图让她受到的痛苦和愤怒被缓解，而她的丈夫此刻却变得相当愉悦。

最终，苏珊的丈夫会给她送花或说些甜言蜜语，苏珊会再次感受到他的温暖。她会责怪自己对丈夫的反应如此过激，然后试着思考下一次怎么能不把他逼到这种地步。他们会度过一个短暂的蜜月期，可能持续几天到几周，然后这种模式会再次重演。

当苏珊来找我咨询时，她的体重已经比结婚前重了 45 斤，她的自信心也处于历史最低点。苏珊想让我帮她处理她的抑郁情绪，以及她对"优秀而又有耐心"的丈夫产生的愤怒。

苏珊曾在这段关系中非常努力，因为她的丈夫会使用冷暴力，然后因为她询问他的情绪而惩罚她。但苏珊没有看到这段关系的整体模式。并不是她说的话或做的事背离了丈夫的意愿，而是他用愤怒控制了节奏。苏珊的丈夫不喜欢她变得太快乐，因为这削弱了他的控制感。所以，他会用与她相反的情绪使事情变得糟糕，在这个过程中压制她的快乐。当她平静下来的时候，他会感到更快乐，他的行为也明显表现得更加"中立"。

苏珊的故事突出了施虐者如何通过克制自己来将错误归咎于你，然后再来惩罚你。如果你敢当面质问他的行为，那么他就会随意释放出自己的愤怒。你越是努力在这种关系中避免各种雷区，施虐者就越能得到他想要的东西，这样一来，你就给了他想要在关系中得到的权力。与此同时，你不仅会因为受到惩罚而感到痛苦，也会感觉到（确实你也是）做什么都是徒劳。

控制

在理解虐待形成的互动模式时，控制也许是最重要的概念。所有的施虐都是为了获得控制权。施虐者所做的一切，从巧妙地操纵你到侮辱你，再到慢慢侵蚀你的自信，都是出于一个目标：控制。

如果施虐者没有直接做出辱骂你或者打你脸的行为，那么他的控制行径就很难被发现。一些最具有控制欲的施虐者从不辱骂他们的伴侣，也从不家暴她们。这可能会让你觉得，自己所处的关系没有出问题，因为这段关系并没有达到有明显的功能障碍的基准线。

劳伦

劳伦曾是一名模特，当她就读于一所"常春藤联盟"学校的研究生院时，她遇到了她的丈夫。在生了两个男孩之后，劳伦开始去做兼职顾问。劳伦的丈夫经常出差，常常一去就是几周时间。虽然劳伦不喜欢她的丈夫经常出门在外，但在他归家之后，她会有一种微弱的恐惧感。

当丈夫在家的时候，夫妻俩经常会争吵。劳伦回忆说："当他不在家的时候，大家相安无事。我和孩子有一套日常行为规范，孩子也都依赖我、顺从我。当他在家的时候，一切都变得毫无秩序。他拒绝遵循孩子的日常规范，无论我有什么要求，他都会跟我对着干。"劳伦要求孩子睡前不要吃巧克力甜点，但她的丈夫似乎会故意在睡前给孩子巧克力。这让劳伦感到不被尊重，她很愤怒，但当她质问丈夫时，他说这没什么大不了的，她需要放松一些。毕竟，只是一小块巧克力而已。劳伦依然很生气，这跟巧克力无关，而是当她特别期待别人能理解她的良苦用心时，他却故意违抗。

劳伦回忆起另一个例子，有一部她等待了好几个月的电影即将上映，她希望全家人能一起去看。当终于等到这部电影上映时，她丈夫却去外地了，于是她告诉丈夫，等他回来之后他们可以一起去看。后来，劳伦的父亲生病住院了，所以等丈夫一回来她就飞到了父亲身边。当她不在家时，她打电话询问家里的情况。孩子们非常兴奋地告诉她，爸爸刚刚带他们去看完了那部电影。孩子们不知道，对于劳伦来说，一家人一起去看那部电影是多么重要，她一直在等待一个合适的时机，可以领着全家一起去看，并且她的丈夫是知道这一点的。更离谱的是，当她质问丈夫时，他很恼火，并对她说"这只是一部电影"，他们可以再去看一遍。

劳伦抑制不住地感到愤怒和受伤。她在这段感情中感到孤独，她为了维持一个幸福而安稳的家庭所做的努力似乎都是白费力气。当丈夫在家的时候，就好像她努力所做的一切都在眼前消失了。然而，劳伦不明白为什么她会有这种感觉。她爱她的丈夫，当他在的时候，他也会尽心照料孩子。他依然会送花给她作为惊喜，还曾花一整天给她发信息。她自问，为什么不能把注意力放在这些事情上呢？是不是她太容易动怒了，就像她丈夫所说的那样，小题大做，无中生有？

劳伦丈夫的所作所为属于被动型攻击。他故意挑衅她，作为一种惯例，隐晦地让她知道是谁在掌控一切。只要她发现他的意图，提醒他注意自己的行为，他就会快速地使劳伦的感受淡化，然后把问题转回到她身上去。这导致劳伦开始质疑自己，也分散了她对真实问题的注意力，即她的丈夫在维护自己的统治地位。

在一段虐待式关系中，最早期的控制迹象之一，也可以说最普遍的一种，就是伴侣试图说服你无视、最小化或对抗自身的感受。这种控制行为十分隐秘，往往让人无法觉察，会导致你在关系中陷入严重的困境，你甚至无法意识到这一点。

当伴侣告诉你，他不喜欢你正在做的事情时，你容易产生抵触情绪，这是很正常的。你可能会试图解释自己和自己的动机。你们的对话有时会变得十分激烈，双方会各执一词。不过，在通常情况下，你们双方都试图理解彼此的观点，然后达成某种方式的和解。

但是，当处于一段操控性关系中的你提及自己的感受时，伴侣则会试图告诉你，你的感受是错误的，以及为什么它们是错误的。他可能会用高人一等的姿态告诉你，你只是暂时糊涂或钻牛角尖了。或者他可能会污蔑你，说你那样的感受是荒谬的或疯狂的。他的推理似乎很符合逻辑，导致你会怀疑自己的感受是否准确。他可能会扮演受害者，让你甚至在有一点点自我感受时就感到内疚。最终，这将会使你在试图解释和证明自己的感受时感到非常愤怒，你绝望地为属于自己的一切而斗争。对于施虐者来说，你无权拥有自己的个人经历或与之相关的任何感受。他想要控制一切，即使你的自我感受是他无法控制的，也并不能阻止他去尝试。

施虐者体现控制欲的方式不尽相同，但有一个潜在模式在所有施虐者中是通用的。你拥有的很多权利都会被施虐者看作对他的威胁，这些权利来源于自信、自我价值、成就、经济独立、其他亲密关系、独立于他的思想、自我意识。这些东西可以给予你力量，使你获得来自他人的支持，从而能让你不受他的控制，变得独立。由于他必须一直掌控权力，任何可能威胁到他地位的事物都必须被剔除或消灭。随着时间的推移，这一过程不断发展且恶化，你的权利所剩无几，甚至不会剩下一丁点儿。

施虐者企图控制你和你生活的方方面面。他想要控制你的财务，决定你和谁共度时光、你如何抚养孩子等。他不能容忍你的愤怒，而如果你感到太高兴，那么他也会让你心情变坏。他能让生活变得十分艰难，所以你学会了收敛自己的情绪，从不向他展示你真实的感受。

施虐者会时不时"扔给你一个诱饵"，让你对那些于他而言无关紧要的事情做出决定。这给了你一种错觉，让你误以为自己拥有发言权，而他可以对什么是可以"让你做决定"的事情做出决定。

你会因为施虐者对你彻头彻尾的控制而产生焦虑，这是可以理解的。你不肯接受现实，你认为自己应该有一定程度的控制权。所以，你会开始尽可能去做那些自己能控制的事：暴饮暴食或过度节食，过度锻炼，疯狂购物，酗酒或滥用处方药。你的身体健康状况不容乐观；你可能会患上恐惧症；你对孩子过于操心，因为你觉得，他们好像是你唯一的精神支柱。

无论是在感情破裂期间还是结束感情之后，监视都是施虐者常用的一种模式。施虐者会担心，如果他没有了解所有事情，那么他就有可能会失去控制权。他会将自己的虚假自体投射到你身上，并认为他产生的怀疑都需要由你来负责。他通过密切关注你，来缓解自己的妄想症。在这段关系的开始，他对你的关注看起来似乎有点讨人喜欢，你可能会认为，他跟你的持续互动反映了他对你的关心有多深。然而，一旦新鲜感消退，甜蜜的交流会渐渐减少，取而代之的是有关他的无穷无尽的需求清单。对于他的这些需求，你可能会感到窒息或疲于应付。

施虐者的目标是获得权力和控制。当你试图解决冲突时，他对合作或讨论你的感受毫无兴趣。你的感受对他来说完全无关紧要。你不可能与施虐者形成真正的亲密关系，因为这需要双方都愿意保持开放的态度、互相付出、相互理解。[11] 当关系中的每一个人都有一种合作的、理解的态度并感受到来自伴侣的支持时，彼此之间才能形成情感上亲密无间的关系，这样他们才会放心地公开自己的真实想法和感受。

在虐待式关系中，公开自己的想法和感受的做法是不安全的。你更有可能学会隐藏自己真实的感受和渴望，只分享你认为施虐者想听的东西。这是你避免被施虐者重重伤害的自然反应。虽然这种互动模式对保持你的完整性及在虐待式关系中的生存是很有必要的，但这正是虐待式关系中缺乏亲密感的症状表现。

即使关系结束，施虐者也不会轻易放手，他可能会表现出各种类型的控制行为，包括但不限于监视和跟踪。无力感压倒了他，他无法忍受你拥有自己的生活，他也无法忍受你能在没有他的情况下继续前行。他认为这是一场战争，在这场战争中，他有理由用一切必要的手段来跟踪你。他傲慢自大，很可能会让你知道他正在监视你，并通过隐秘的暗示或公然的威胁来试图恐吓你。也就是再次试图证明你是他的，他完全占有你。

调侃

调侃是施虐者实施虐待最方便的方式之一。一些最为尖酸刻薄的侮辱话语，往往是通过调侃的方式加以掩饰的。为什么呢？因为它能让施虐者毫无顾忌地说出那些残忍又令人厌恶的话，且不用承担任何责任。施虐者会取笑你的着装、癖好、身体特征、个性特征、经济情况、出身、家人、朋友、同事等。取笑的主题是什么并不重要，施虐者总会找到一条奚落你的途径。

施虐者通过调侃的方式来掩盖这些评论，他会说自己"只是在开玩笑"，你真是"太敏感了"，他只是"对自己所见直言不讳"……他所说的话通常会包含一些真相，或者至少他会利用能让你感到不安的内容要把戏。

夏洛特

夏洛特嫁给了一位风趣而富有魅力的男人，他会积极参与到家庭及社区的各项事务当中。在他的社交圈里，人人都很喜欢他。这让他刚好能吸引到其他女性的注意力并做出一些暧昧行为，而又不足以轻浮到让夏洛特担心他会采取任何实质性行动的地步。至少夏洛特不认为他会这么做。

为了保持体型，夏洛特经常锻炼。她在读大学时曾经患有进食障碍，尽管现在已经康复了，但她对自己的身材依然很苛刻。

夏洛特的丈夫知道她对自己身上的赘肉很敏感，所以每当他有机会的时候，他都会"开玩笑"地戳她的皮肤，或把她的皮肤弄得很夸张，然后惊恐地跟她说："看看它的样子！"如果夏洛特告诉他，这让她感觉很不舒服，那么他就会大发雷霆，指责她"太敏感"，并告诉她，他在她身边时感到如履薄冰。

看到这个扭转了吗？这使人迷惑，而夏洛特已经中了圈套多年，她认为自己确实很紧张，经不起开玩笑。

珍妮弗

珍妮弗30多岁，是一个精力充沛的自信女人。她性格活泼、坦率直言、很有风度，这对她的销售工作很有帮助。她是两个十几岁孩子的母亲，已经离婚大约6年。

珍妮弗有一个喜欢玩"恶作剧"的男朋友，他多年来一直失业，只能跟着珍妮弗蹭吃蹭住。当珍妮弗早起去洗澡时，她的男朋友会悄悄接近她，把一罐冰水从她身上倒下去，他觉得这是一件很好笑的事，并且笑得一塌糊涂。如果珍妮弗不高兴或生气，那么他就会说她"开不起玩笑"。

珍妮弗会十分恼火地去上班，经过一天的工作后，她会使自己平静下来，等回到家的时候，她通常会原谅那个早上的"恶作剧"，直到下一次再发生。

在辛苦工作了一整天后，珍妮弗会回家照顾她的孩子。等孩子上床睡觉之后，珍妮弗会洗个热水澡，放松一下。有那么几次，当珍妮弗泡澡的时候，她的男朋友会往她的洗澡水里小便，并觉得这非常好玩。

当珍妮弗不高兴的时候，你认为她的男朋友会有什么反应？你猜对了，他会因她没有幽默感而冲她发火。

克莱尔

克莱尔的母亲是个完美主义者。"她很瘦，穿着打扮时髦讲究。"克莱尔如此形容她的母亲。她坚持要我们在任何时候都能"闪闪发光"，这意味着克莱尔和妹妹在公共场合被人看到时，总是应该与众不同。在家里，克莱尔的母亲会计算出克莱尔和妹妹可以吃多少食物，如果她认为她们吃得太多，就会做出攻击性评论。

克莱尔的母亲不让克莱尔参加芭蕾舞训练，因为她曾说克莱尔太笨手笨脚了。她会模仿克莱尔绊倒的样子，然后大笑。在克莱尔做出反应之前，她的母亲会先发制人，说："哦，你知道我是爱你的，不是吗？"这使克莱尔感到困惑。一方面，母亲刚刚打击了她；另一方面，母亲又说自己有多么爱她。究竟哪一个是真的，哪一个是假的？还是两者都是真的？克莱尔认为，她的母亲爱自己，所以她推断母亲的批评也一定是正确的。克莱尔开始把卑劣与爱关联到一起，认为残酷的行为只是爱的一部分。

毋庸置疑，克莱尔的很多方面都被她的母亲嘲笑过，而她从小就相信母亲所说的那些令人难堪的事情都是真的。她没有丝毫自信。克莱尔有过一系列失败的关系，而且她还内化了母亲批判性的声音，因此，自我批评在长大之后也一直伴随着她。

施虐者会在别人面前用一种"滑稽"的方式贬低你。这对于观众来说是有些为难的，但他们通常会勉强地咯咯一笑，以迎合施虐者，这会使你感到尴尬、被轻蔑和被孤立。如果你和他对峙，那么他就会指责你当众大吵大闹。如果你在事后告诉他你的感受，那么他就会说你反应过度了，因为其他人都觉得这很有趣，然后问："你为什么不这么觉得呢？"这就是扭曲事实。

施虐，即使披着幽默的外衣，也不改变其剥夺你人权的本质。这幽默是一种污蔑和羞辱，它会使你感到不安和羞愧。如果有人让你觉得自己很糟糕，那么无论他们这么做的时候有多么好笑，你都要当心。如果你的伴侣正在做一些让你感觉不好的事，那么请当心。合适的玩笑并不应该只有他自己觉得好笑。

物化

因为施虐者对他人几乎没有同情心，所以他们不太可能把你也看成一个有需求和欲望的人。你只是一个物体，或他的领地，或一个被占据的人。当你不去做他想要你做的事情时，他的控制行为和暴行就会证明这样一个事实：在他看来，你只是他的分身。

你很难发现自己被物化了，这通常是因为你已经习惯了伴侣对待女性，尤其是对待你的整体态度。甚至你可能都没有意识到，你的伴侣是如何真正看待你的。要承认伴侣仅仅把你看成一个物体，这令你很不安。一旦你开始明白施虐者的思维方式，你就会开始为他对待你的方式而感到痛心，因为他没有把你当作一个人看待。

艾米丽

艾米丽30多岁，身材娇小，皮肤白皙，金发碧眼。她离婚后不久就来找我咨询，当时的她看起来有几个星期没有睡好觉了。几周前，她刚刚搬到这个州，试图摆脱一直在跟踪她的前夫。

当艾米丽告诉我她和前夫的关系时，这些话命中了虐待式关系中所有的特征。他脾气很坏，她的朋友和家人都不喜欢他，她不断地为他的行为寻找借口，多年来，她完全孤立了自己，不再有任何支持系统。离婚前，她几乎不敢和她的丈夫谈论任何事情，因为不知道他会有何反应。她假装自己停止了节育，她"害怕把孩子领进家里"，但她不敢告诉丈夫，其实她根本不想和他要个孩子。

艾米丽的丈夫总是贬低她的身体，常常给她取跟体重有关的侮辱性绰号。一天晚上，艾米丽躺在床上，喝着热巧克力，看着书。他走进来，开始对她大喊大叫，称她"恶心"并喊她"肥牛"。他从她的手中抓起那杯热巧克力，扯掉她的被子，把她从床上拽起来，拉着她的胳膊和头发，把她从卧室里拖了出来。他告诉她，她太恶心了，不配睡在他们的床上。

在此之前，艾米丽的丈夫从未对她动过手。虽然他会贬低她、向她扔东西、摔门，但因为他从来没有打过她，所以她并不认为这是虐待。这件事发生之后，她认定自己一定是一个令人厌恶的肮脏之人，因为连自己的丈夫都这么排斥自己，他甚至不能忍受和她睡在同一张床上。

艾米丽花了好几个月的时间才认识到，她一直处于虐待式关系当中。和许多女人一样，她在理解"虐待"这个词上经历了一段艰难时期。一旦她能承认，一直以来她所忍受的一切其实就是虐待，那么艾米丽就会允许自己去对自己所忍受的一切感到愤怒。

在虐待式关系中，物化这一现象是普遍存在的，因为施虐者不能满足你的需要。然而，在与施虐者的身体关系之中，一个人似乎更容易识别出被物化的感觉。我经常听到女性这样描述她与施虐者的亲密行为：

- "空洞。"
- "他就像看不见我一样。"
- "他好像在对我生气。"
- "这只是他自己的事，我只是为了迎合他。"
- "他不在乎我的快乐。"
- "如果当他想要的时候我不照着做，那么他就会生气。"
- "他的行为表现得就像他不喜欢我。"

在卧室里发生的事，是关系中其他所有事的一面镜子。如果你的伴侣总是对你不太尊重，那么你在这种关系中也会感到不舒服。

目前的研究表明，色情作品的使用会影响男性看待女性的方式，也会影响他们对女性可以接受的被对待的方式的认知。

一项对 33 项研究的元分析发现，接触色情作品会增加攻击性行为。[12] 宾夕法尼亚大学精神病学系创伤和精神病理学项目主任玛丽·安妮·莱登（Mary Anne Layden）在一项研究中指出，色情作品的使用助长了家暴这种暴力形式。家暴通常是身体上和情感上的，但这些往往与性暴力结合在一起。她总结到，有大量证据支撑这样一个事实，即色情作品是一种教育、一种许可，并且也是许多负面行为和态度的诱因，这些行为和态度影响了人们看待女性和儿童的方式。[13]

施虐者会选择那种愿意取悦他的伴侣。我听很多女性说过，她们会配合施虐者想要进行的任何方式的亲密行为，即使这么做会让她们感到不舒服。她们担心如果不这样做，那么伴侣就会像他们所威胁的那样将目光投向别处，或她们会因为不顺从而受到某种形式的反击。通常，如果你不接受施虐者的"偏好"，那么他就会让你对自己产生不好的感觉，声称你冷漠或假正经。或者相反，他会说你很随便，没有人会想碰你。施虐者会扭曲周围的事物，让你觉得他选择了你是你的运气。

在一段健康的关系中，两个人都应该具有发言权。两个人都应该可以自由地说出他们的需求和愿望，并尊重彼此的愿望。如果有什么东西让他们感到不舒服，每个人都有权利说"不"，而不用担心受到惩罚。你不应该因为某些事情让你感到不舒服而遭到贬低、批评或侮辱。如果这种情况很常见，那么这就清楚地表明，你被物化了。

施虐者及其子女

施虐者的正义感和权力意识意味着他把自己看作一切事物的权威，包括养育子女。[14] 他可能对养育孩子没有任何经验，也不会手把手去带，但这并不妨碍他要求你按照他的指示去做。

有女性说，她们的施虐者是一个伟大的父亲。尽管在许多方面他可能是一个好父亲，但要注意到使施虐者施虐的潜在问题，即缺乏对他人的同理心。一位好父亲会关心孩子的健康和幸福。他知道如果他恐吓你（孩子的母亲），那么这就会给孩子造成压力，哪怕是间接的压力。好父亲即使不同意你的意见，而出于以上原因，也会把孩子的最大利益放在首位。但施虐者却不会这样做。对于一个施虐者来说，他的需求是唯一重要的东西。当一个男人说他的孩子只有 3 岁，因此不会有什么感受的时候，这表明他的确缺乏同理心。

施虐者利用孩子来伤害你的情况很常见。施虐者知道这是大多数女性最脆弱的地方，所以他会利用你这个弱点来获得他想要的任何东西。

施虐者有比常人更自恋的本性，他会将孩子视为自己的分身。他喜欢"复制出"的孩子，因为这能增强他的自我意识，而任何与之背离的东西，他都将其视为批判。[15] 他赞赏孩子与他一致的行为方式，而不愿意孩子有自己的个性。随着孩子的成长，孩子不再只是施虐者想法的直接反映，而是表现出了自己的个性或产生了关于自己想做什么的想法，这时施虐者往往会试图通过操纵或批评来控制孩子。这可以用非常公开的方式实现，比如说惩罚孩子，也可以用隐秘的方式实现。聪明的施虐者会以隐秘的方式操纵孩子，孩子甚至都意识不到自己被操纵了。施虐者可能会用调侃或不假思索的评论来贬低孩子，或者用居高临下的态度来削弱孩子的自信心。让人感到可悲的是，这个孩子通常会更努力，以获得施虐者的认可。施虐者也可能会取笑你，这种方式会破坏孩子对你的看法，从而让你与孩子的关系出现裂痕。这些试图破坏你与孩子关系的做法，是为了方便施虐者和孩子建立友好关系，从而创造出一种你在其中是一个"异类"的模式。当你无法破解施虐者的计谋时，你就很容易被控制。一旦你觉得你的孩子对你的评价不高，你的自信心就大幅下降，你就更有可能相信施虐者及孩子对你的评价。如果他们都这样说或这样认为，那他们一定就是对的。你就彻底失败了。

琳达

琳达在她丈夫去世后过来找我。显而易见，她当下的自尊水平很低。琳达坐在我的沙发上，她的姿势表明她想使自己尽可能不被关注。她的语调柔和，声音颤抖。她过来找我是为了诉说自己的抑郁。在跟琳达谈了几分钟之后，我意识到她一直处于一种虐待式关系中。琳达的丈夫一直控制着她，甚至到了她几乎不知道在没有他的情况下如何生活的地步。琳达觉得自己完全迷失了方向，多年以来，她一直被告知自己不聪明也不能干，她不相信自己能凭借一己之力做成什么。

琳达的丈夫一直是社区的支柱，每个人都称赞他是"一个十分值得信赖的人"。他积极参与社区活动和孩子学校的活动，是童子军的领袖，并且乐于帮助邻居。琳达的丈夫十分"完美"，这让琳达相信他比自己优秀得多，她认为对自己来说，丈夫能和自己在一起是一件非常幸运的事。他经常向她传达这种思想。背地里，他会取笑她，说她又笨又懒。他告诉琳达，她不够好，人们不太愿意和她在一起。他还告诉琳达，在养育孩子的过程中，她都搞不清楚自己到底在做些什么，这让她完全丧失了对自己母性本能的自信。他甚至声称，养育孩子更像是他的"领域"。

琳达的丈夫把他们所有的积蓄都花在了自己的爱好上，如果琳达提出抗议，那么他就会告诉她，她对金钱一无所知。而且既然钱是他挣的，他就有权决定怎么花，她对钱的使用没有发言权。当着孩子的面，他会取笑她的"不足"，暗指他们所有人都不得不忍受她，这是一种折磨（他对他们的儿子最为严厉，因为儿子与母亲关系很亲密。儿子曾饱受焦虑之苦。但在父亲死后，儿子的焦虑就自行消失了）。琳达大部分时间都躺在床上看书。有一次，琳达说，她曾幻想过让自己变得足够渺小，以便能躲进家中厨房的柜子里。她紧接着说，这样她的丈夫就可以接管一切，她不必再为自我的存在而担忧，因为她的存在对每个人来说都是一种负担。

琳达经常有一种感受，那就是当她感觉越糟糕时，她的丈夫似乎就越开心、越开朗。他会指出她是多么令人扫兴的一个人，这似乎只是为了突出他们之间的鲜明对比。毫无疑问，她认为他观察到的内容是客观真实的，这让她对自己感觉更糟。当我问琳达她的兴趣是什么时，她哭着说："我不知道。"她接着解释说，她在很久之前就放弃了自己的兴趣，因为丈夫会嘲笑她的兴趣，不允许她有自由追求兴趣的空间。她不确定自己是谁，甚至无法回答简单的诸如"你喜欢什么"这样的问题。

琳达没有朋友，因为在他们的婚姻中，她一直被告知自己很无趣，人们不喜欢和她在一起。琳达几乎没有和孩子朋友的父母们交谈过，因为她不想因她的在场使他们感到厌烦。她最担心的一点是，孩子的生活会因为父亲的去世而被摧毁，而她认为应该死的那个人是自己。琳达认为，如果死的人是她，那么这就不会对孩子造成太大影响，因为丈夫在各个方面都比她优秀。

当琳达开始接受治疗时，我对琳达丈夫的行为提出了一些看法，琳达感到很震惊。过了几个月后，她在我这里表现出了彻底的愤怒。琳达终于发泄了她心中的怒火。她眼里含着泪水说："我一直那么相信他。他怎么可以这样对我？在过去23年里，我相信他所说的关于我的一切。"这是一个转折点，对她来说，后退一步，客观看待丈夫的行为，并意识到这几乎与她无关，而是他对控制的极度需求，这就使得生活得以转变。仿佛有人打开了灯，她终于第一次能看得清楚了。

当然，在探索她是谁，以及强化她的自我意识和自我价值感的过程中，还有大量的工作要做。不过，愤怒是她意识到自己并没有缺陷的开始。她其实挺聪明，一度想回到学校去追求她一直梦想的事业，只不过缺乏开始的信心。她和孩子的关系也改善了，现在没有人来制造隔阂了，她和孩子之间变得更加亲密了。她还在努力地交朋友。尽管她仍然不相信有人想和她在一起，但是她正在努力。这需要一个过程。

琳达的丈夫从来没有打过她，也从来不粗鲁地大吼大叫。他巧妙地剥夺了她的自信，直到她几乎一无所有。外人可能会评论，他们家是多么有爱的一家。他们可能会持续谈论她的丈夫是多么了不起的男人。琳达也曾相信这一点，但她却不明白为什么自己感觉如此糟糕。其实，我们很容易看得出，她经受了这么多年的微妙型虐待，当然会变得挫败而且沮丧了。

一位女性在日记里描述了她与施虐者共同抚养孩子的经历：

我觉得我好像是和他站在拳击场上较量。每当我有力气站起来，他就会把我击倒在地。蹭着地板让自己爬起来已经越来越难了。当我说"不"或者站起来对抗他时，他就会让事情变得更让人不堪忍受。他特别清楚怎样能伤我最深，即利用我们的女儿。感觉就像他对最具有毁灭性的东西有着第六感，他因伤害我而感到兴奋。我的家人跟我说，不要让他接近我，那样

114

就不会产生伤害，但那感觉就像是在告诉我不要呼吸。我不能为了逃避痛苦而和孩子分开。我每天都祈祷他能离开，也就是希望他能失去对我加以恐吓的兴趣。但我知道摆脱他并没有那么容易。有些日子，我几乎无法忍受这种痛苦，唯一能缓解痛苦的办法就是，梦想着有一天他再也不能伤害我们。

所有施虐者都是不同的，他们进行操纵和控制的计谋也各不相同。不要被施虐者表面所说的话引入歧途，而要聚焦于他正在进行的潜在游戏。典型的施虐者会用孩子作为棋子来接近你。要从长远角度来看问题，不要因他的举动而质疑和怀疑自己，进而在这个过程中使自己陷入困境。后续我们将更详细地讨论，如何在这个艰难的过程中照顾好自己。

酗酒并非暴力的借口

施虐者经常把酗酒作为借口，这样他就不用为施虐行为承担责任了。虽然酒精确实能降低人的自制力，但这并不是施虐的原因。

如果你的伴侣在喝酒时会对你进行言语、身体或性方面的虐待，那么你们俩很容易就会把酗酒认定为问题所在。重申一次，这既让他免受了惩罚，也让你有了可以责怪的东西，而不是只能被迫面对施虐者的行为。有的女性会说："如果他能戒酒，那么一切就会好起来。"然而这不是事实，酒精只不过是替罪羊罢了。

虽然酒精会加剧施虐者的行为，但这并不是根本原因。很多施虐者并不喝酒，很多酗酒者并不会虐待他们的伴侣。当一个酗酒的施虐者清醒之后，尽管他对自己更有控制力了，但他仍不会对自己的虐待行为负责，他将继续自己的施虐模式。这就是为什么观察施虐者在醉酒状态和清醒状态的行为模式同样重要。你会发现他清醒时的行为也符合施虐者的模式，而当他喝酒时，这种虐待的程度只会加重。在清醒的时候，他也不会为自己的行为承担责任（除非他被完全逮住了），他会继续操纵他人。换句话说，一个从不施虐的人，不会因为喝了点酒就突然有虐待行为。如果他本性就不是一个贬低他人或攻击他人的人，酗酒是不会改变这一事实的。无论处于醉酒状态还是清醒状态，施虐者始终就是施虐者。

第 3 章

施虐者伴侣的形象

你所默许的事情将持续下去。

——匿名

施虐者的伴侣过度负责

施虐者最终往往会与愿意承担更多责任的伴侣在一起。必须有人为事情的发展负责，难道不是吗？施虐者被你所吸引，是因为你比较随和，这使得他可以轻易控制你。当你为眼前的问题屈服或负起责任的时候，这会强化施虐者，使他拥有更多的权力。因为施虐者想要的不是别的，正是权力，他会因此感到满足，你们的关系会取得暂时的平静。关系中的平静对你而言很有吸引力，只要你能获得这种平静，你就会为之努力。这一回，是你的行为使得这一模式再次被强化。

施虐者责任心的缺乏和你对责任的主动承担，既可能体现在你们两个人关于家中日常事物的沟通方式上，也可能体现在你们的财务支出、育儿以及其他任何需要付出努力的事情中。

玛格丽特

玛格丽特和她的丈夫是在牙科学校相识的。当时，玛格丽特被她丈夫的智慧和机敏所吸引。他们俩很快擦出了火花，并在他们刚上专业课时就出双入对了。遇到专业难题时，他们会一起和朋友们出去喝一杯，并互相加油打气。玛格丽特把他们最初的岁月描述为"最美好的经历"。他们有着相似的兴趣，也经常与其他同学聚会。当两人宣布订婚时，没有人对此感到惊讶。

然而，当从牙科学校毕业并结婚后，玛格丽特的丈夫并没有降低他喝酒的频率。尽管他们所有的朋友在完成学业并找到工作之后都"长大"了，但玛格丽特的丈夫仍然表现得缺乏责任感，且酗酒成性。在他们结婚后不久，她的丈夫开始对玛格丽特进行言语暴力，给她取有辱她人格的外号，并告诉她这是她应得的。

每次发完脾气之后，他总是赔礼道歉，于是生活又会顺利地进行一段时间。在他们的一段"美好时光"里，玛格丽特发现自己怀孕了。知道这个消息后，这对夫妇欣喜若狂，玛格丽特希望怀孕能激励她的丈夫戒酒，并让他更体贴自己。

在怀孕期间，有几次玛格丽特的丈夫喝得烂醉，并且辱骂她，说她"太胖，令人恶心"。但是，在第二天早上他清醒之后，他便会说他不记得自己这么骂过她，并且向她保证，他不觉得她胖。他承诺在孩子出生之后便停止喝酒，玛格丽特相信了他。在这个节骨眼上，她只能维持原状，毕竟他们有了共同的孩子。

在女儿出生的几个月内，她的丈夫不仅没有戒酒，反而更加刻薄地对玛格丽特进行评论。他们的女儿有肠绞痛，常常无法入睡。玛格丽特的丈夫却撒手不管，玛格丽特只能做比以前更多的事情。玛格丽特不能把女儿单独留在丈夫的身边，因为他根本就不愿意照顾她。

玛格丽特回忆说，有一个星期六，她把还在襁褓中的女儿留下和丈夫单独待在一起几个小时。当她回到家时，屋里所有的灯都关着，窗帘被拉了下来，她的丈夫正在看电视。女儿在她的婴儿床里哭闹着，纸尿裤也脏了，这种状况持续了多久，玛格丽特无从得知。玛格丽特对她的丈夫很生气，问他是不是有什么毛病才忽视他们的女儿。他走到她面前，叫她让开、闭嘴，然后扇了她一个巴掌。

玛格丽特处理这件事的方法是，她再也不会把女儿和丈夫单独留在一起。她会做好其他的安排，以确保女儿在她不在的情况下能得到充分的照料。

玛格丽特在女儿快两岁的时候离开了她的丈夫。在他把她从房间一头推到另一头的那个晚上，她就带着女儿离开了。这种事已经不是第一次了。玛格丽特走后，她的丈夫喝得更多了。没过多久，他失业了，并要求玛格丽特支付他配偶赡养费。毫无疑问，他把自己的酗酒问题归咎于玛格丽特：是她造成了他酗酒，而且她的离开使其酗酒情况更糟。

玛格丽特更加努力地工作，这样她才能满足自己的需要和她丈夫的经济需求（是的，法院令人恶心地判她支付给丈夫配偶赡养费，因为她有工作而他没有）。多年以后，他仍然没有工作，只能靠她的收入生活。他声称自己之所以找不到工作，是因为他的驾照由于酒后驾驶被吊销了而无法开车，这导致他不能履行养育子女的义务。玛格丽特的丈夫再次声称，玛格丽特不带女儿去看他，这是她的错（她加班是为了满足他们的财务需求，因为他没有工作），而他因酗酒找不到工作，理应由她负责。

在这段关系中，玛格丽特越来越努力地工作，以弥补她丈夫的责任感不足。他越是懈怠，她就越是想去弥补。随着赌注越来越高，并关系到他们的女儿的安全和幸福，玛格丽特通过寻找合适的帮助最终摆脱了这段虐待式关系。这个过程持续了很多年，玛格丽特甚至没有意识到她在关系中承担了越来越多的责任。她生气吗？生气。她怨恨吗？怨恨。但是，这两者都改变不了一个事实，那就是有些事显然是必须要做的，没有其他人会去做，只有她自己去面对。

对你来说，这好像就是你在承载着这段关系。你可能会觉得，确保事情顺利进行是你的责任，你倾向于满足施虐者的需求、孩子的需求，而且你还得对自己负责。对你来说，别人包括施虐者对你的看法很重要，因此，你很愿意去取悦施虐者，你经常向他解释，试图让他理解你。他越是批评你，你就越是会努力地想改变他对你的印象。没有人会关心你的需求或减轻你的负担，除此之外，由于施虐者缺乏责任心而形成的巨大财务空洞，你觉得必须由你去填补。你得收拾残局，这让你感到精疲力竭，因为你承担了一段关系中绝大部分的责任。你确实是在这么做，你苦苦地承载着这段关系。

通常，如果你过度负责任，那么你也会很容易感到内疚。施虐者知道这一点，并且他知道如何让你感到内疚。他越是把责任推到你而不是自己身上，你就越有可能感到内疚。毕竟，如果你认为自己是主人，并将自己认定为负责人，那么你一定会为某些事感到内疚，对吧？施虐者知道如何利用你的内疚感，使你在自己的内疚循环中迷失，从而让他完全脱身。之后，他会提起他所知道的令你感到内疚的"前科"，让你把注意力从他身上和真正的问题上转移开。当他这样做的时候，你就会再次进入自己的羞愧循环，痛恨自己，感到内疚。此外，你还可能会对施虐者表示歉意。这很好使，对吗？

练习

那些承担了超过自身所应负的责任的人，有一些常见行为。请思考以下问题：

- 你们之间的责任是平均分配的，还是你承担了大部分工作？

- 你工作是为了让他不需要去找工作吗？

- 当你在尽可能为家庭的未来而攒钱时，他是否花了太多钱在自己想要的东西上？

- 即使你不认为自己做错了什么，你也需要道歉吗？

- 如果有人对你生气，你是否会不由自主地质疑自己，并通常认为是你的错？

- 你是否经常感到内疚？

- 你是否觉得你不值得拥有美好的经历或事情，或不值得有好事发生在你身上？

- 在接受恭维、关注、赞美、礼物等时，你是否觉得不自在？

如果你发现自己对上述很多问题的回答都是肯定的，不要感到内疚！记住，有责任感和想要努力工作都是很好的品质，但是如果你的伴侣因为你有上述这些品质而剥削你，那么这些品质就会让你精疲力尽。对你而言，最重要的是要意识到，你的过度弥补纵容了施虐者的付出不足，这导致你在这段关系中需要更加卖力地付出。

施虐者的伴侣往往有很强的同理心

同理心是一种不可思议的天赋，值得重视和珍惜。一个人最大的优点有可能是他最大的弱点，同理心就是这样。如果你很有同理心，但却未能学会如何保护你的心弦免受毫无预设的捕食者的伤害，那么你就很容易被操纵。你有能力从别人的角度看待事物，常常感觉他们的痛苦就像是你自己的，所以你很容易认为其他人与你具有同样的动机。然而，这是一个危险的预设，使得你更容易被虐待。

在你们的关系刚开始时，你被你的伴侣所吸引，可能很大程度上是因为他曾经受过伤。当他向你吐露他"最深的痛苦"时，你会感觉和他更近了。也许他会告诉你他艰难的童年、他的失败，以及他在之前的感情中受过的伤。如果他声称，他从来没有告诉过任何人关于他自己的事情，你可能就会感觉自己被特殊对待了。虽然分享内心深处的感受和痛苦是一种在一段关系里建立亲密感的正常而又健康的方法，但他的弱点不应该是吸引你的主要原因。一个厉害的操纵者能敏锐地意识到猎物的弱点。如果他感觉到你在拯救他的过程中乐此不疲，如果他感觉到你相信自己能帮助他从最深的痛苦中痊愈，那么他很可能就会利用你爱照顾人的天性。

你认为只要你"足够爱他"，他就会被疗愈，他就会改变自己的行为，他的生活就会越来越好。当你无条件地爱他和帮助他时，这只会让你感到疲惫和沮丧。记住，你是永远无法做足够多的事来满足施虐者的，他会不断增加他的要求，这样你就永远得不到他的认可。我们在电视、电影和其他媒体上接收到的许多关于爱情的作品都传达了这样一个信息：如果一个女人足够有爱，那么她就能赢得一个神秘的、忧郁的男人的心，这个男人一直被误解，因此在她之前没有人可以触动他。但没有被描述的事实是，这个人物角色很可能是非常以自我为中心的，而且他喜欢成为她崇拜的焦点。在恋爱若干年月之后，当她把注意力转移到生活中的其他事情（孩子、家庭、朋友、工作、学校等）上时，他的个性可能会发生戏剧性的变化。

米歇尔

米歇尔有一个喜欢谈天说地且表达能力特别强的丈夫。她喜欢他这一点，并为他出色的沟通能力感到自豪。不过，当他们俩交谈时，米歇尔时常会因为感到不舒服而离开。一天，米歇尔的丈夫坦白了自己对她的不忠。她很崩溃，也很困惑。但是，她的丈夫向她解释说，他对她不忠是因为她专注于学业，而没有给予他足够的关注。米歇尔为她丈夫感到如此被忽视而懊悔，并请求他原谅自己。

几年过去后，他们有了两个孩子，米歇尔的丈夫依然擅长表达，她依然在这段关系中感到很安心。不过有一天，他承认自从上次忏悔以来，他又欺骗了她两次。米歇尔又气愤又伤心。他也愤怒起来，并声称正是她忙于照顾孩子和打理日常琐事，没有给予他足够的关注，才导致他有了婚外情。他还辩解说，自从他们有了孩子，她的外貌就变得更差了，对他也没有什么吸引力了。他说正是她的疏忽，才导致他如此痛苦，并说他本不该和一个如此"放飞自我"的女人领证结婚。

在花了一段时间舔舐伤口并且回顾丈夫的话后，米歇尔开始为自己感到羞愧。她认为他是对的，她确实忽视了自己的外表，并且忙于照顾孩子和处理日常琐事……然后她开始为他考虑。

很明显，是自己做得不够，是自己让他承受了这么多年的痛苦，所以她感到很糟糕。

为了赢得丈夫的认可和关注，米歇尔更加努力地维持这段感情，但却从未感觉自己完全得到过这份爱。与此同时，她开始进行"自我修复"，她在晚上大量喝酒以麻痹自己的愧疚感和孤独感，直到第二天天快亮才迟迟睡去。多年来，这种模式一直延续，她丈夫的风流韵事也一直持续。他声称自己娶了一个酒鬼，以为他与其他女人的关系开脱。米歇尔没有反驳。就当他是对的吧。

很可悲，在充满微妙型虐待的关系中耗费数年时光的许多女性与米歇尔并无不同。当任凭自己被虐待和不被尊重时，痛苦会变得越来越难以承受。为了逃避因羞愧而产生的痛苦，她们很容易会求助于某种东西，甚至任何东西，去进行"自我修复"。

当你试图维护自己或者自己的需求时，施虐者会立即把事情扭转到你应该被责备的地步，仿佛他是个受害者。这会让你善解人意的本性受到影响，所以你会尽最大努力"设身处地"地为他着想。如果他的逻辑听起来很合理，或者似乎他特别受伤，那么你可能就会迅速无视自我的感受，转而去同情他。所有问题，无论大小，都明显存在这种模式。如果你决定离开，你的伴侣会利用你的同理心来操纵你（施虐者为了赢得你的同情而做出自杀的举动并不罕见），这让你更难以离开且不太可能离开，他深知这一点。

在你们的关系中，如果你是因为自身的同理心被施虐者束缚住，那么请进一步去看，一场更大的游戏正在进行。施虐者不想失去你，但他也不愿意停止虐待你。他知道，如果他能伪装成受害者，并糊弄住你，那么你就有可能再待上一阵。

练习

当你独自一人的时候，最重要的事情之一就是弄清楚你的伴侣究竟是怎样的人。一旦两人之间的新鲜感逐渐消退、蜜月期结束，你就可以很好地观察到你所托付一生的人究竟是什么类型。请思考以下问题：

• 没有你时，你的伴侣是什么样的？列出他的品性，包括优点和缺点。

• 你是为他是那样的男人而感到骄傲，还是为他的行为或他的过往感到难堪？

• 当他表现不佳或是做出错误决定时，他是否为自己的行为辩解或给自己找借口？

- 他是会进行自我激励，还是会利用其他人和其他组织？

- 他是否在人际关系上存在问题，尤其是与其他女性暧昧不清？

- 他是拥有耐心，能理解别人的需要，还是他需要得到即时的、独有的关注？

- 你之所以和你的伴侣在一起，是因为你对他有愧疚感，还是因为你同情他？

- 你之所以在你们的关系中停留，是不是因为你不想伤害他，而他已经承受了很多？

- 你之所以会和伴侣在一起，是不是因为你害怕自己离开他之后，他的处境会变坏？

施虐者的伴侣回避冲突

施虐者选择的伴侣通常是爱回避冲突的人。施虐者想要的是容易捕获的猎物，所以他会小心翼翼地选择这样的人。这就好比一个强奸犯会寻找一个安静而胆怯的受害者，因为这会让他更容易得手，也减少了他被抓住的机会。他不会选择一个会制造很大动静或是猛烈攻击他的受害者，这需要太大成本，也会加大暴露自己的风险。同样的规则也适用于所有的施虐者及他们的受害者。

爱回避冲突的人不喜欢不和谐的氛围，如果感到有人在生他们的气，他们就会很不舒服。任何能被感知到的威胁，都会给这种人带来很大压力。争斗绝非他们的本性，他们认为避免冲突参与争斗更能让他们感觉舒心，他们会尽可能快速、柔和地解决分歧。他们是"维和人员"，会竭尽全力避免冲突。这种人格类型的人经常反复揣测，并不停质疑自己。因为爱回避冲突的人视挑战为潜在的威胁，并试图躲避所有类型的挑战，所以她不太可能体验到克服障碍所带来的成功。这使这种类型的人加深了自己无助或软弱的看法（后面我们将在"习得性无助"理论部分更详细地讨论这个问题）。正因为施虐者在任何情况下都不会让他的伴侣"获胜"，所以这种互动模式不断被强化。

爱回避冲突的人很少表现出愤怒。这往往是因为她们从小就认为愤怒是一种消极的情绪，它是不吸引人的、不受欢迎的、有毒的、危险的和具有破坏性的。虽然这些特点在某些极端形式的愤怒中是确实存在的，但愤怒本身是一种天然而健康的情绪。一个不会愤怒的人通常会对外界呈现出温和、羞怯、讨人喜欢、被动、甜美和顺从的样子。在内心，她经常感到焦虑、害怕，并过分担心别人是否喜欢自己。她是在寻求认可，并担心如果她不完美、不令人愉悦或不够好，那么其他人就会不喜欢她，彼此的关系也就会结束。她准备好了被别人利用，因为她不认为自己有能力表达自己的愤怒，或者在别人利用她时说"不"。随着时间的推移，她这种随和的天性可能就会被人滥用。

莎拉

莎拉的处境清楚地说明了一个典型施虐者的常用模式。莎拉最初与我见面时因为极度抑郁而无法抑制地哭泣。她的丈夫在快要失业的时候仍旧会花很多钱买各种各样的消遣物。而莎拉受过很好的教育，尽管她不是很认同工作中的要求和规范，但是她坚持了下来，努力工作以确保家庭的经济稳定。后来她的丈夫失业了，但他一点儿也不觉得自己有必要帮忙照顾孩子或料理家务。此外，他在言语上和情感上都有虐待的倾向。莎拉渴望得到他的认可和关怀，而他使她相信，如果她能付出足够多的个人努力，并且弥补自身所有的缺点，那么她最终会得到他的关注。

当她第一次与我见面时，她的自信心正处于低谷。她坐在我办公室里一次又一次地哭诉着，她的婚姻正在破裂，而她不知道如何挽救它。接受治疗一段时间之后，莎拉开始辨认出她丈夫的一些虐待模式，但是她坚信只要她做得足够多，他最终就会改变。经过了一年左右的治疗，帮助她争取表达意见的权利和建立信心后，莎拉有一天过来说，她不再需要治疗了，因为她意识到他们之间的所有问题都围绕着这样一个事实，即她太挑剔自己的丈夫，这是所有问题的根源。她觉得如果她能对丈夫更宽容，那么他们之间的关系就会变得更好。我想指出的一点是，作为一个过度负责的伴侣，这是一个面对问题时独自承担责任的典型案例。这种应对机制是一种试图通过控制局面来缓解焦虑的尝试，而这种焦虑是由于在人际关系中感到无助而产生的。

两年后，当我听到莎拉的消息时，我一点儿也不感觉惊讶。她承认，在过去两年里，她有意识地忽略了丈夫所有的虐待行为，结果就是冲突减少了。然而，对于她来说，无论她做了什么，无论她做得多么"完美"，这种虐待模式都一直存在。而且她终于第一次发觉，这种模式永远不会改变。她不再哭泣，不再卑微地认为只要她足够好，他总有一天会爱上她。

虽然她对自己有了信心，也清楚地知道需要做些什么，但是她发现自己对即将离开这段关系感到十分焦虑。他从未对她造成过身体上的伤害，但他的行为、攻击性的"暗示"、肢体语言以及对她感情的漠视，都使她感到害怕。因为她知道，没有什么能阻挡他得到他想要的东西。

在这段时间里，莎拉的丈夫正在对她提起诉讼，他监视着莎拉，试图抓住她所有的把柄。与此同时，他假装自己是一个忠诚的丈夫和充满爱心的父亲，给她留下他很有爱的印象，并自愿在每天早上和孩子一起早起。

莎拉最大的担心是她的丈夫会得到孩子的主要监护权。因为他失业了，待在家里，这会给他更多的机会获得孩子的监护权（去赞美美国的法律体系吧）。如果这种情况发生，他也将有权得到孩子和配偶的赡养费。正如你所猜到的那样，他知道这一点，所以并没有很努力地去找工作。他知道这种威胁会迫使她留在婚姻当中。过了一段时间之后，她通过日记、电子邮件以及他过去的娱乐消遣（这是这段关系中一直存在的问题）证明了他的真实行径，从而增大了她胜诉的概率。

这花了相当长一段时间，现在莎拉已经能直面自己的恐惧，并且正在不断推进整个过程。我相信她和她的孩子将会获得美好的生活，因为她并不是这类情感虐待的人质。

即使你在最初的关系中表现得坚定而自信，没有刻意避免冲突，但随着时间的推移，你也可能会变得越来越不自信。这是因为你的伴侣会因你表达自己的观点而惩罚你，叫你不要因为坚持自我而制造冲突。当你把维护自我与惩罚联系在一起的时候，很明显，为了在你们的关系中生存，你必须避免任何潜在冲突。

练习

如果你想知道自己是不是爱回避冲突的人，请回答下列问题：

• 你是否隐藏或压抑自己的感受，以免让你的伴侣不开心？

• 你是否会在跟伴侣说话时字斟句酌，以试图从他身上获得可能的最好回应？

• 你是否害怕被反对？是否会不惜一切代价避免被反对，并确保你做了别人希望你做的事？

• 当有人对你发火时，你是否容易受到惊吓或有某种内在反应？

• 当有人对你生气时，你是否会无情地责怪自己或心神不宁？

爱回避冲突的人常常把自己形容成调解员和"维和人员"。不喜欢冲突是相当正常和健康的反应。当你不惜一切代价去避免令人不舒服的冲突时，问题就产生了。施虐者知道这一点，所以他会得寸进尺，因为他知道你不会为自己辩护，也不会设定一个明确的界限。当你为了避免发生冲突而允许伴侣残忍地对待你或利用你的时候，你便容易受到虐待。

处理共生依赖

共生依赖不仅适用于那些与酗酒者或吸毒者有关系的人。当涉及你们的关系时，理解共生依赖是至关重要的事。共生依赖被定义为"一种情感、心理和行为的状态，它是由个人长期接触和执行的一套压迫性规则导致的，这些规则阻碍了情感的公开表达，也阻碍了对个人和人际问题的直接讨论"[16]。

我喜欢这个定义，因为它生动地描述了虐待式关系中导致共生依赖的精确互动形态。在虐待式关系中，你会因为尝试独立而受到严厉惩罚（甚至可以说，如果你拥有自己的想法和感受，那么你也会威胁到施虐者），这让你想要尽可能地保护自己。面对压抑的现实，你会采取某些应对方式，尽你所能地努力生存下去。

任何时候，当你允许别人的回应决定自己的感受或行为时，你就卷入了共生依赖模式。成为施虐者反复无常行为的受害者的感觉非常不好，所以想办法来防止虐待事件发生是很自然的一件事。你试图避免冲突，并开始为施虐者的行为负责，根据定义，这就是共生依赖。

处在共生依赖模式中的人会在另一个人身上迷失自我。这意味着她容许别人的行为决定自己的感受和行为。因为处在共生依赖模式的人的感觉完全依赖于他人的行为，这会让她处于一种无助的境地，所以她会表现出一些控制行为，试图减轻无力感所引起的不适。很遗憾，这并不能解决真正的问题，她会持续感到沮丧和无力。[17]

在虐待式关系中，为了改变施虐者的反应，以免受到虐待，并帮助你处理自己的感受（基于你并没发现或解决真正的问题），你可能已经形成了自己的一些模式。你可能会发现自己：

- 做事情是为了让伴侣开心，即使这违背了你的意愿。

- 脱离了你自己的活动或兴趣，花更多的时间与伴侣在一起。

- 回避朋友或者家人，因为你的伴侣不喜欢他们。

- 不为自己辩护，因为害怕你的伴侣会做出某些评论或反应。

- 你明明想说"不"的时候却说了"是"。

- 责备自己。

- 觉得自己应该为伴侣的行为、感受和选择负责。

- 对你伴侣的不可接受的行为"睁一只眼闭一只眼"。

- 为伴侣所做出的对你或他人不可原谅的行为辩护。

- 撒谎以维护你伴侣的选择。

- 允许伴侣决定自己的感受。

- 期待你的伴侣能完全满足你。

- 不相信自己有能力照顾好自己。

- 回避做出决策。

- 忽视自己的愿望和需求。

- 忍受那些你曾说过的自己所不能容忍的对待。

- 允许自己在言语、情感、性或者身体方面受到虐待。

- 让你自己尽可能缩小（比喻），以免打扰任何人。

- 对那些过去从来不会担心的事情感到焦虑或恐惧。

- 当伴侣没有预料到你的需要时，感到愤怒（毕竟你为他牺牲了那么多）。

- 当伴侣没有为你付出时，感到愤怒（毕竟你为他付出了这么多）。

- 对自己的愤怒感到内疚。

- 为那些以前从未困扰到你的事情感到困扰和担心。

- 试图控制你生活中的小事（表现为过度消费、过度锻炼、暴饮暴食或过度节食）。

- 为了暂时"逃避"而做出伤害自己的行为。

- 认为自己在大多数情况下都是无助的或无能的。

- 感到沮丧或绝望。

- 精神不振。

- 患有慢性生理疾病。

当你形成了一套模式来否认虐待的存在或回避伴侣的虐待行为，设法在这段关系中尽可能地生存下去时，你也容许了你的伴侣继续虐待你。

当你默许一个施虐者的行为时，他就更可能继续虐待你。从本质上来说，你正在为你的伴侣创造一条阻力最小的途径来虐待你。施虐者的行为是不可接受的，但如果你向他传达出一种信息，即他的行为是正当的、他的想法是合理的，因此可以被容忍，那你就是在强化他的不良行为。你给他开了绿灯，让他继续他的虐待行为。这就是默许。

如果你发现，你在这段关系中承担了过多的责任，并且你通过控制一些可变因素以期将虐待最小化，努力设法应付你的施虐者（稍后我们将在本书中详细讨论），那么你就存在共生依赖的问题。此外，共生依赖的普遍特征还包括：找借口，该说"不"的时候却说"是"，付出多的时候却感到不安、受伤、自卑，感到被外部环境控制，感到被这段关系搞得精疲力竭或疲惫不堪，忽视自己的需要，对问题视而不见，找寻自身之外的幸福，为别人和自己找借口，允许别人对你无理，等等。[18]

如果你处于共生依赖的关系中，随着时间的推移，你会发现你对自己越来越不满意。当你越来越卑微，以试图取悦你的伴侣时，你也会变得越来越充满怨恨。这种怨恨将慢慢破坏你们的关系，尽管它是间接的，但也不能低估它。很多夫妻都发现自己无法克服怨恨情绪。

如果你发现自己符合上面这些描述，不要为自己感到愧疚。共生依赖是非常普遍的现象，尤其是在女性群体中，因为女性往往是养育者、照顾者和"维和人员"。解决之道就在于你自身。当你能展现自我的力量，不再完全被别人尤其是你的伴侣吞噬时，你就会从以往的模式中解脱出来，你将在关系中找到满足感。

当受害者反击

你可能会由于厌倦了伴侣的计谋而反击；或者当你不喜欢某事时，你会毫不犹豫地说出来；或者你厌倦了对方的攻击，所以开始主动进攻。

当然，既然施虐者决定了交战规则，那么你将永远不会获胜（除非他开始对自己的行为负责，这点我们稍后讨论）。即便你开始维护或捍卫自己，以试图改变施虐者，你的努力也不会改变对方的虐待模式，除非他自己想这么做。他永远不会让你占上风。

当你反击的时候，可能会发生两种情况。其中一种常见的情况是，当遭遇他攻击时，你自己也会变得极具攻击性。你可能会开启一种新的模式，在这种模式下，你们都会对彼此有言语上或者身体上的暴力行为。施虐者会指出你的行为是问题所在，而不会提及他自己在整个互动过程中所扮演的主导角色。然后，他会用你的暴力行为作为借口，来证明他对你的虐待是正当的。

戴安（第二部分）

还记得戴安吗，那个和酗酒、有言语攻击行为并且很轻浮的丈夫在一起的女人？过了几年之后，戴安厌倦了丈夫的打击，也厌倦了他在人前责骂她。于是，她开始在言语上回击他。当两个人进入对决状态时，他们彼此都在努力证明自己的观点是正确的。他们把自己的嗓门提得越来越高，好让对方听到自己的声音。

戴安变得高度戒备和紧张，就好像她要紧紧抓住每一个属于自己的论点。她抱怨说，她们这对夫妇多年来失去了不少朋友，而原因她却并不清楚。戴安和她的丈夫从来没有讨论过这种变化。如果有一件特别糟糕的事发生，那么在几个小时或几天内，戴安会对丈夫表现出他希望的友好姿态，他也会对她表达一些善意，这让戴安感到短暂的满足。

戴安的回击并没有改变虐待的互动模式，这似乎是在供养它，戴安也变得具有言语攻击性。最终，戴安会短暂地放低姿态，以恢复和谐，随之而来的可能是另一场对抗。这是一种多么有压力的生活方式啊。

另一种更为常见的情况是当你采取反击措施，猛烈地批评你的施虐者时，他会表现出受害者的样子，而你开始成为一个过度负责的人，你开始感到内疚。你承诺自己再也不会这样做了，并请求他原谅，或者通过恳求他来缓解自己对惩罚的焦虑或恐惧。

海莉（第二部分）

你还记得海莉吗，那个患有腹痛的人？其实，海莉在成年后的大部分时间都在记日记。虽然她没有任何事情瞒着丈夫，但她经常会写下自己对他的感受以及他们之间的一些争吵。她发现这样有助于梳理自己的一些想法。海莉把她的日记藏在一个特殊的地方，以保持它的私密性。

一天，海莉回到家里，发现丈夫手里拿着她的日记本，丈夫十分恼火。海莉也因为他看到了她私人的想法和感受而十分生气。更令她感到恼火的一点是，他显然是想方设法找到日记本的（她把日记本放在客房壁橱里一个装有自己童年纪念品的盒子里）。海莉的丈夫是因为她写的几个月前他们打架的事情恼火。海莉告诉他，她写的东西是私人的，而且她所写的大部分内容都是她在他们吵架的时候口头表达过的。

这对夫妇怒气冲冲地散开了。当海莉冷静下来时，她开始对自己在日记中所写的东西深感愧疚。她没有说什么过分夸张的内容，但这一做法却仍然伤害了丈夫，这是她不想发生的事。

海莉因伤害了丈夫而去跟他道歉。他再次告诉她，她在日记中表达的那些感想令他多么痛心。他说自己永远不会把她写到日记里，他很伤心她会如此对他。海莉很快就把自己被背叛的感觉放到了一边，也没有提及被他偷窥了她认为只能由自己一个人看的东西的感受。并且，海莉再一次道歉了。

在内心深处，海莉不理解为什么这么多年后她变得如此愤怒。她无法看到，她要经常委屈自己以换取她丈夫的幸福。从短期来看，这种做法很奏效，因为在这段关系中有了更多的平静。然而，随着海莉一点点地放弃自己身上的东西，并充满悲伤和愤怒，海莉的真实自我已经变质了。

我想指出的一点是，如果你活在你伴侣的攻击和控制之下，你很可能会养成一些不良的行为模式。这不是你应该感到羞愧的事，而是你应该去探索和理解的事。愤怒、怨恨、辛酸、不耐烦、喜怒无常、有古怪的想法或行为、有强迫的想法或行为、虚弱、患慢性疾病、麻木、焦虑、抑郁，这些都是生活在虐待式关系中的人的常见反应。也许你已经经历过上面这一切！你可能几乎认不出自己来了，并为自己变成这样的人而感到羞愧。试着对自己宽容一点。生活在一个长期充满压力的环境中，没有人能成为最好的自己。

设法应对施虐者

由于研究者们想要了解受害者和施虐者之间的依恋关系，以及为什么他们难以分离，关于虐待循环的研究已经很多了。毫无疑问，施虐者让你上钩的最有力的方式，是一种叫作创伤性联结的过程。创伤性联结理论解释了施虐者和受害者之间是如何形成强烈的情感依恋的。这是施虐者在很长一段时间的施虐周期内，间歇性地对受害者表现出仁慈或同情的结果。受害者对施虐者的怜悯充满了感激之情，这些积极感受使得受害者更加依恋施虐者。她可能会把未实施虐待时的他理解为有爱的、善良的、富有同情心的人。受害者很难挣脱这个循环。虐待和爱关联在一起，形成了一个让人纠缠不清的情感圈套。

你很快就学会了必要的应对方式，以便与施虐者共处。冲突会让你很不舒服，你很可能会不惜一切代价去避免它。当你与施虐者发生冲突时，有一种方法可以控制你的恐惧，那就是尝试设法应对他的反应。相信自己能应对他的反应，这会给你一种安全感，因为它让你相信你可以控制自己的命运。这种生存技能在所有受害者身上都普遍存在，它是一种缓解焦虑的方法，这种焦虑来自不确定性，你不仅不确定施虐者何时会攻击，而且不确定攻击的强烈程度。有无数种受害者可以学习的应对施虐者的方法，这些方法的差异取决于施虐者的个性及受害者是如何与他相处的。下面我会着重介绍一些常见的方式。

"小心翼翼"是一个常用来描述与施虐者在一起生活的状态的词。你得清楚地知道该说什么、不该说什么、什么时候说、什么时候不说。在过去，当你以为自己有言论自由的权利时，你已经有过负面的体验，而且事情并没有往好的方向发展。提及任何会激怒施虐者的事情都是不值得的，因为你知道，他会找到一种方法来惩罚你，比如大喊大叫、贬低你、痛打你、跟你冷战或是在情感上回避你。而现在，你会非常仔细地挑选话题，清楚地知道哪些是要避免的。久而久之，你必须避免的话题越来越多，直到你基本上得保持闭嘴的状态。你成了一名老练的数学家，能快速计算施虐者的反应，并修改你打算说的话，以尽量可能产生的后果。因为你做这些计算的频率几乎和你呼吸的频率一样高，因此你会分心，会忘记你原本是有着属于自己的感受和想法的。

对待施虐者的另一种常见方式则是取悦他。你知道，如果你讨好他，那么他对你的打击就会减少。一位来访者说，即使她不相信或不赞成她丈夫，她也知道如果顺着丈夫，生活就会变得好过一点。她会感到短暂的宽慰，因为知道自己避免了一场冲突，但随后又会因没有坚定立场而感到"反胃"。她的形容非常写实，因为这准确地反映了这种互动方式给施虐者的虐待对象所带来的感受。为了保持"和平"，施虐者的虐待对象经常发现自己不得不默许他，不管这是否符合自己的内心感受。

除此之外，你可能要过度解释自己，试图让施虐者理解你，你认为这么做就会带来和解与和睦。因为你会努力地去理解别人的感受和动机，所以你很自然地假设施虐者也会这么做。然而，这是一个错误的假设，施虐者只会认为你做错了某件事，而你却试图狡辩。他是为了扼杀你，或者可以说，他会尽最大努力令你感到自己的想法是错误的。你会质疑自己的感受是否正确，并感到更加孤独，你相信他只是不理解你而已。因此，下一次你会更加努力地解释，你认为如果你可以完善自己的沟通技能，那么他就会开始理解你，你也将得到自己极度渴望的认同。

所有应对施虐者的技巧都是为了控制他的反应，你必须放弃自我，放弃自己的需要和期望。没有任何可以让你满足自我需要和期望的余地，因为他不允许。他把这些事情视为对自己的威胁，如果你的需要和期望得到了满足，那么他自己的需要和期望就不会得到满足。简而言之，你的注意力资源是有限的，而他会确保没有任何他不需要和不想要的东西。你对在这段关系中放弃自我的做法非常熟悉，你没有留意到你在生活的各个方面都使用了同样的方法，直到你的自我不再存在。

自尊

正如前面所提到的那样，体验过强大支持系统的女性，通常比没有体验过这种情况的女性有更高水平的自尊。这是感受过被重视是什么滋味的结果。当我们感到被重视时，我们往往会体验到更高水平的自我价值感，因此，我们会更有自尊。比起不自信的女性，自信的女性更容易离开一段虐待式关系。

虐待是循序渐进的，但施虐者不断地捣乱或贬低你的做法会让你倍感疲惫。久而久之，你会没有足够精力去继续"战斗"，因为你的"战斗"往往没有什么效果。这会让你产生一种无助感，并助长你的不安。你感到无能为力，你曾经拥有过的任何力量现在都是一种模糊的回忆，而你现在把自己视为软弱的人。你可能会觉得自己被伴侣一再打击，而从地板上爬起来却越发艰难。显然，这会影响你对自身和你个人力量的感受。

你在脑海中留下了一个永恒的疑问，即他的陈述和指控是否真实存在。即使你以前的自尊是相对完整的，但现在也已经是千疮百孔了。你可能会觉得自己没有魅力、不聪明或情绪不稳定。你的伴侣可能会提醒你，你很幸运，尽管你有这么多缺点，但是他还是会接受你。当你通过施虐者的视角来看自己时，你会认为他是对的。

与施虐者在一起的生活是"疯狂的"[19]。如果你阅读了之前描述的与施虐者沟通的一些常见模式，你就能理解其中的原因。永远不要低估施虐者会让你感到疯狂的程度。记住，施虐者越是能让你感到疯狂，他在这段关系中所拥有的权力和控制力就越强。在争吵中，施虐者经常会说你疯了。他甚至会和你玩心理游戏，试图扰乱你，这样你就会怀疑自己的理智。

这种虐待计谋被称为"煤气灯效应"。这个词与1944年的电影《煤气灯下》有关，由女演员英格丽·褒曼主演，电影里面她的丈夫（由查尔斯·博耶扮演）故意操纵周围的环境，让她觉得自己快要疯了。"煤气灯效应"是一种心理虐待的形式，施虐者会通过制造微妙而隐秘的变化，使你对自己失去信任，当施虐者否认他参与其中时，你就会感到越来越疯狂。当你转述自己的困惑时，他通常会通过质疑你的理智来强化你的恐惧。当你感觉自己正在失去对现实的把握时，你会产生极度的恐惧和焦虑。久而久之，你会变得抑郁，你会感觉越来越无助，因为你认为自己失去了理智。[20]

有几个我曾经治疗过的女性称，她们的伴侣会把钥匙藏起来，所以钥匙从来不会在她记得的原本所放的位置。她可能会花好几个小时或好几天去找钥匙，就好像她已经失去了理智，而他却坐在那里看着她干费劲。其中有一名经历过这种情况的女性，在多年之后发现自己的一套钥匙被放在车库的一个高架子上。在她找到钥匙之前的那些年，她丈夫一直跟她说，由于她的不负责和健忘，钥匙弄丢了。

很明显，你会开始怀疑自己，并开始相信你的施虐者。如果由一个局外人来观察这种情况，在没有看到幕后所发生的事情的前提下，这个人可能会立即得出这样的结论：施虐者的伴侣是那个"疯狂"或"不稳定"的人。如果你生活在这样的环境中，你就很难有高水平的自尊。并且你的自尊水平越低，你就越有可能留在这段关系中。

在何处划定界限

对于大多数女性来说，一个常见的问题是，如何区分关系中的问题和虐待。最重要的是要考虑，是否存在某种病态的模式或虐待的模式。

在一段健康的关系中，如果你的伴侣因生气而发泄情绪，那么他并不打算剥夺你的权利，他很可能会对自己的所作所为以及事后给你造成的感受（同理心）感到懊悔（承担责任）。通常，他还会做些试图和解的尝试。他的言行向来是一致的。

在一段不健康的关系中，有一种很明显的模式是，你的施虐者会痛斥你，并责备你应该为争吵负责，他指责你应该为他的行为负责。他会用他所知道的能给你带来最大痛苦的方式惩罚你，让你为与他对抗而付出代价。他与你所述之事，往往与他自身的行为方式并不一致。这种模式是周期性的，通常在他生活中的方方面面都很明显，而不仅仅是在跟你相处的时候。如果你已经对本书前面所描述的模式产生共鸣，那么你很可能就处在一段虐待式关系中。

施虐者不为自己的行为负责，这使得他们几乎没有改变的希望。为了实现真正的改变，那些行为恶劣的人必须为自己的行为负责，而不是说他们就是这样。去接受治疗或者承诺说不会再这样了，都不算是承担责任。承担责任意味着积极尝试了解自己为什么会这样做，并改变对他人造成伤害的行为。责任即意味着后果。

如果你的伴侣愿意承担责任，对自己的行为负责，那么他在侵略性和控制性方面就不会表现得过于极端，这样一来，事态就有望得到改善。你的伴侣除了接受其他的思维和行为方式之外，还需要探索并理解为什么他采取了那样的行为模式。这也要求当你因为某些事情感觉不舒服的时候，你愿意直言不讳。

除了他自己的内省工作外，你的伴侣也有必要为你在这段关系中留出空间。当你变得强大并敢于直言时，你们关系中的互动模式就会发生巨大的转变。为了使双方平等，让彼此的自我蓬勃发展，他必须放弃支配你、控制你的欲望。他不会再因为你和他对峙而惩罚你。他必须鼓励你畅所欲言。他要明白，这是你过去很难做到的事情，并且对你来说，向前迈进是非常重要的一件事。

当然，这意味着你也必须做好相应的工作。你可能会与退缩求和的冲动斗争，也可能会用愤怒进行徒劳的反击，这两者都可能给你带来不适感，你必须在你们的关系中抱持话语权，不要让自己偏离轨道。同时，把关注点放在你们的交流方式而不是交流内容上。让你的伴侣知道这种交流方式会给你带来怎样的感受。当事情变得不对劲时，你需要说清楚，并明确区分何种行为是可接受的行为，以及何种行为是不可接受的行为。如果你的伴侣尊重你的发言权和你设定的界限，那么这种不健康的方式就有希望被改变。

如果你的伴侣的虐待行为在任何方面（言语、情感、身体或其他方面）都因你对自我的维护而变得不断升级，那么这就是一个明显的迹象，表明他不会变得更好。这种情况通常很有可能发生，因为在一段虐待式关系中，施虐者的本性如此。

施虐者会猎捕弱者。如前所述，施虐者会竭尽全力孤立你，或者至少他想使你相信自己与其他支持系统都隔绝了。这会让你依赖他，让你更有可能留下来。我经常听到有女性说，她们与伴侣之间有一个约定，即"离婚不是一种选择"。虽然我理解这种情感意图，但这却为某些人遭受虐待创造了一个危险的基础。

如果一个施虐者觉得不管他如何对待你，你都应该留下来，那么你就会很容易遭受到不断升级的虐待。正因为如此，你绝不能让伴侣（或任何人）认为你离不开这段关系。这点非常重要，原因有两点。第一，如果你的伴侣知道你可以在任何时候离开这段关系，并且已经准备好在必要的时候这么做，那么他很可能会对你更好一点，因为他不想冒失去你的风险。第二，你总是有选择的，这会让你在精神上处于优势地位。这看起来是一个细节，但它的作用可不小。选择一段关系，是因为这段关系是你所想要的，还是因为你觉得必须保持一段关系，除此之外你别无选择，这两者之间存在着巨大的区别。

不要制造无用的威胁。这没有效果，只会训练施虐者接受你的挑战，他不会相信你还有其他选择。如果你总是把那些没用的威胁挂在嘴边，他甚至可能会奚落你，或者戳破你的这种离开策略。这会让你气馁，很可能会让你质疑自己是否有能力真正离开这段关系。

如果你的关系让你感到自己没有价值，那么你必须开始准备离开。你并不需要一个具体的借口以离开你的伴侣。你的感受足以成为离开这段关系的理由。你需要停止通过被虐待以获得认可。如果你为了感受被爱和被接纳而容忍自己不被尊重，那么你就会长期受到虐待。

如果你处在一段虐待式关系之中，除了你自己的幸福，你还必须考虑你的孩子正在经历什么。当你和一个虐待你的人纠缠在一起的时候，你就会给孩子传达这样的信息：被这样对待或者这样对待别人，都是可以接受的。如果你的孩子发现自己处于类似的关系中，你希望他们怎么做？你会建议他们怎么做？教你的孩子分清什么是可接受的行为，什么是不可接受的行为，这和抨击他们的另一方父母是不一样的（只要你没有抨击另一方父母）。你是孩子的向导，他们指望你教他们如何对待他人，以及应该如何被对待。你给孩子的信息是否和你的行为一致？如果你言行一致，并且能精准地给虐待贴上"虐待"的标签，那么你的孩子就会习得健康的交往模式。

你是否处于虐待式关系中

除了以上关于施虐者的特征之外，如果你怀疑自己可能处于一段虐待式关系或操控性关系中，你还需要问自己一些问题。有时候我们长期处在一段关系当中，很难回忆起它最初的样子。或者，你的伴侣可能没有展示出本书中所描述的一些典型模式。你可以花几分钟时间问自己一些基本问题，这可能是确定一段关系中是否存在不健康模式的重要一步。请记住，如果某件事情在直觉上让你感觉不对劲，或者你时常感到被伴侣的行为所伤害，那就意味着出了问题，你需要警惕。

他的话与他的行为一致吗？专注于行动，而不是言语。施虐者往往善于言辞。他们往往是迷人的、成功的，他们非常擅长扭转局面，这样他们就不会受到责备。我们大多数人所说的就是我们所想的。我们的行动与言辞是一致的。但对施虐者来说却不是这样。当你只专注于他的话语，且相信他所说的就是真的时，你可能会被误导。真正棘手的问题不会得到解决，于是你会感到困惑和不对劲儿。如果你能做到不去听他说了些什么，而是把你的注意力放在他的行为上，那么他的行为是在告诉你什么呢？他可能会整日都在道歉。但如果他看起来漫不经心，就像他不在乎你受到了伤害，或者他在你告诉了他你的感受之后，继续以同样具有伤害性的方式行事，那么这就说明他有问题。这就是言行不一致。

他有同理心吗？如果你在家中哭泣，而他却在外面寻欢作乐，对你毫不关心，那就说明他有问题。如果他看起来完全不关心你的痛苦，那么这意味着他对你没有足够的同理心，很可能他对其他人也一样。施虐者通常缺乏同理心，否则他们就不会实施虐待了。如果一个施虐者对他的伴侣有同理心，那么他就会觉得伤害她是种罪恶，所以他不会这么做。我们大多数人都有一种天生的倾向，即不会给他人带来痛苦。由于缺乏同理心，施虐者往往没有这种倾向。

你的伴侣对自我负责吗？我们都不完美。我们都会犯错误，说错话，有时会表现得迟钝。但是，我们在做了不好的行为之后会管控自己。施虐者不会承认自己的错误行为，除非他们完全陷入困境。施虐者总是处于防御状态，他们会使劲扭曲事实，让自己的伴侣受到责备。通常，当伴侣提及一个争端时，施虐者会声称自己是受害者，这会使得事情更加混乱。在一段健康的关系中，我们的目标是解决问题，最好是达成双方都满意的结果。如果你在试图摆脱与施虐者的争吵或冲突时感到困惑，感觉自己很糟糕，那就仔细地审视一下，将自己从眼前的争吵或冲突中抽离出来，然后把注意力放在冲突中的计谋上。施虐者会操纵游戏，这样他们就能一直赢，而你将总是输。

你们的关系是建立在相互尊重的基础上的吗？如果你总是不得不质疑你的伴侣是否尊重你，那么这也是一种问题。如果他让你失望，过于挑剔，羞辱你、辱骂你，给你施加压力，或者用伤害你或让你不舒服的方式与你进行身体接触，那么他就是不尊重你。如果他在与你想法或观点不同时嘲笑你或生你的气，那么这也是一个问题。如果他在你要求他停下来的时候继续做某事，那么他就是不尊重你。如果他故意做一些他知道你不喜欢的事，那么这也是不尊重你。

你是否相信他不会将你置于一个你必须妥协的困境？他是否从事过非法活动，或经常做一些让你感到在道德上过不去的事？如果答案是肯定的，那么请注意，当涉及危险的行为时，施虐者很有可能做得很过分，因为他们缺乏同理心及对他人的尊重，并且他们的权力意识膨胀。简单地说，规则并不适用于他们。我经常因为我的来访者在施虐者那里的遭遇感到震惊。你不应为了保护你的伴侣而向你的朋友或家人隐瞒事实。你不必害怕你的伴侣会把你置于一个有损你和孩子利益的境地。

他是否支持你的其他人际关系？如果你的伴侣总是指出你的朋友和家人的缺点，经常贬低他们，当着他们的面或在他们背后诋毁他们，那就有问题了。

你的伴侣是否会恐吓你或者在身体上伤害你？如果你对这个问题给出的答案是肯定的，那么你或许已经意识到，你正处于一段虐待式关系中。任何威胁、恐吓或对他人造成身体伤害的行为都属于虐待。监控、录像或任何类型的跟踪行为都是为了威胁你，这是虐待；通过威胁伤害你或者通过伤害你的孩子来惩罚你（或威胁要争夺孩子的监护权来胁迫你顺从），这是虐待；如果你打算离开，而他试图通过威胁让你受到经济损失，这也是虐待；给你或者你爱的人取不敬的名称，或者在言辞上贬低你，这还是虐待；为了阻止你离开，在墙上捶洞或者摔东西，即使不是直接针对你的，也都是虐待行为；殴打、使人窒息、按压、踢、推、挤、拳打、扇巴掌是身体虐待行为，必须严肃对待。酒精或药品并不能成为实施身体暴力的借口。在任何情况下，虐待都是不可接受的。

健康的对抗

别人对待我们的方式，是从我们自身这里习得的。因为你以前默许他以虐待的方式对待你，使得施虐者得到了权力，所以他相信自己可以再次虐待你，甚至让虐待升级。要明白，任何类型的虐待都不是因为受害者犯了错，永远都不是。无论出于什么原因，任何人都不应该受到虐待。

当你容忍虐待时，你就向施虐者传递了一个清晰的信号，即你会接受他不公正的对待，并允许他继续下去。虐待只会随着时间的推移而升级。当你继续设法应付施虐者，希望生活变得更平静时，你其实是在向他传递这样一个信息：他这样对待你，你也不会出什么问题。无论是有意识的还是无意识的，施虐者的目标都是得到一个反馈。似乎你越能容忍虐待，你就越不容易被虐待所干扰，他就越会努力地去得到他想要的反馈。记住，你的幸福和独立对他来说是一种威胁，他想把你扳倒，这样你就更加依赖他了。

用简单的陈述来呵斥虐待行为，然后与施虐者脱离关系，已经被证明是对付施虐者最有效的方法。伸出你的手，做出一个声明，比如"停住，你不能这样对我说话"，然后离开，这会创造出一种新的互动模式，在这种情况下，施虐者虐待你的机会将会减少。另一种回应是，"我不允许你虐待我"，然后不再争论。设置一些界限，只有当施虐者尊重你时，你才和他打交道，这样能使你处于一个有利的位置，这样你就不太可能继续受到虐待。如果施虐者拒绝如此，不要试图与他接触。相反，去做自己想做的事，散步或参加某项你喜欢的活动，与他分开。[21]如果他意识到自己必须尊重你，你才会与他接触，那么他就更有可能会这样做。[22] 把门槛调高，你值得被尊重。

如果施虐者不尊重你所设置的界限，或如果你设置界限的做法导致虐待升级（也就是说，当你维护自己时他会更严厉地惩罚你，或者在你试图离开时跟踪你），那么这些迹象都清晰地表明你需要安全地离开这段关系。再者，很少有施虐者改变自己，这是因为改变需要对自己负责，而责任心正是施虐者所缺乏的关键特质之一。

第 4 章

结束关系

问题是，女人通常认为他会改变，而他并不会。男人错误地认为她永远不会离开自己，而其实她会。

——匿名

保持原状的常见原因及恐惧的作用

如果一个人没有在关系中受过虐待，那么他可能对摆脱这种关系所要付出的代价没有多少认识或了解。人们有时候不能公正地评判那些处在虐待式关系中的人，因为人们对脱离虐待的复杂性知之甚少。恐惧是问题的核心，许多女性害怕激怒施虐者，因为她们深知惩罚会很严重。

重点是，不要给那些曾经在身体上虐待过你的人第二次机会。如前所述，虐待只会随着时间的推移而变得更糟。这一次推搡你的施虐者会在下一次施虐时得寸进尺，他也许会把你撞到墙上。打你耳光的施虐者更有可能在下一次施虐时对你拳脚相向。这是因为他想维持对你的统治。你越容忍，他就越相信自己能逃脱惩罚。[21] 此外，在身体暴行之后你维持原状的次数越多，就越是意味着你允许他继续施虐。[23]

拒绝。施虐者清楚地知道如何利用你的同情心。他知道如何说你想听的话，以及如何信誓旦旦地承诺自己以后会改。你告诉自己，每个人都有善良的本性，这使得施虐者有资格获得第二次、第三次甚至更多次机会。当施虐者把你逼迫到准备离开这段关系的地步时，他很可能会表现出歉疚和悔意。这对你来说很有吸引力，你相信他这次真的改变了，因为他似乎在为自己负责。看看你在这段关系中已经投入了多少，如果你认为这样就能解决问题，那事情也太容易处理了。

施虐者除了看起来令人信服，也可能很有说服力，因为他们相信自己的那一套。他懊悔不已并愿意承担责任，因为他没有什么可失去的了。你是他的财产、物品，是一件被占有的东西。如果你离开了，他就再也不能控制你了。他无法承受失去这种权力，也无法承受你离开他开展新的生活，这些念头促使他更努力地让你留下来。在内心，他害怕你变得独立，不是因为他重视你才不想让你离开，而是因为这意味着他完全失去了对你的控制。

当施虐者耍出这套伎俩时，许多女性会再次卷入这段关系之中，因为这种伎俩激发了她对他的同理心。当施虐者觉得她离开这段关系的威胁解除时，他就会开始重复同样的虐待模式。在女性最终有能力结束这段关系前，她们通常会多次经历这样的循环。

施虐者对你的爱可能跟他对其他人的爱一样热烈，但是真正的爱并不等同于占有，也不等同于控制。真正的爱不是自私，也不是为了占据上风。真正爱我们的人会爱我们本身，他们想做的事是对我们有好处的，而不是出于他们自己的需要和欲望。

人们经常问我，施虐者是否会意识到他在做什么，他是否会故意施虐，或者他是否真的能控制住自己。作家伦迪·班克罗夫特（Lundy Bancroft）曾经与有暴力倾向的男性一起工作，并研究他们的模式超过 15 年。他说，施虐者能意识到自己在做什么，也能控制他们的行为。警察一出现，他们就能停止对伴侣的身体虐待。他还说，当施虐者回顾导致虐待的因素时，他们通常会说一些大意是"我需要给她点教训"之类的话，这表明他在实施虐待之前是有预谋的。[24]

底线是这样的：当有人开车从你身上碾过时，你就会死。至于他们是否故意要碾压你并不重要，毕竟你还是死了。

孩子。女性待在一段虐待式关系中的原因通常是为了孩子。这对于那些从来没有和施虐者在一起生活过的人来说是无法理解的，因为他们认为她应该离开，而不是为了孩子留下来。作为母亲，她最大的恐惧通常是施虐者获得孩子的监护权，这也是她选择留下来的原因。施虐者可能会在很多场合用这点来威胁你，这样你就会被吓唬住，并且留下。典型的施虐者会削弱你的力量，然后让你相信任何法官或法庭都不会允许你得到孩子的监护权。这对你来说显然是很可怕的事。如果你无法用相关信息武装自己，那么你很可能就会相信他。

即使你用法律知识来武装自己，你也清楚孩子还是会有和施虐者单独相处的机会。除非你能证明孩子在施虐者那里会有身体或者性方面的危险，否则施虐者还是会有机会与孩子在一起，且不受监督。但是，美国的法律制度并不总是能保护处于危险中的儿童，因为施虐者非常擅长塑造"好人"形象，因此要想证明他有问题无疑是一场艰难的斗争。意识到这些风险，就可以理解你为什么愿意停留在虐待式关系中，因为如果你留下来，至少你可以和孩子一直在一起，这样一来，你就有机会保护自己的孩子。

财务担忧。很多女性觉得与施虐者相比，自己在经济上处于劣势。有些女性确实收入比男性低，甚至没有收入。不管受教育程度如何，许多女性都感到被困住了，因为她们觉得如果离开，自己就会没有足够的钱来养活自己和孩子。大多数施虐者知道这一点，并利用它来胁迫她们留下来。

贝基

贝基是 4 个孩子的母亲，她温柔而恬静，嫁给了一个会对其进行情感虐待的男人。大部分时间，贝基和她丈夫之间的关系还不错。他时不时会抛出一个贬低性的笑话，而贝基只会摇摇头，不予理睬。贝基逆来顺受，她会不惜牺牲一切来维持家庭的和谐。数年来，贝基一直进行强迫性的锻炼，最终导致她体重过轻，月经也停止了。

贝基过分追求让所有人都认为她过得很好，如果有人问起她关于自己的事，贝基就会礼貌性地回复并迅速反问对方一个问题。贝基在受到任何关注时都会不自在，所以她总是拒绝别人的赞美，拒绝在他人面前打开生日礼物，甚至在炎热的夏天穿着厚厚的开衫来遮住自己的身材。贝基待人周到，她非常认真地对待自己全职妈妈的身份，不知疲倦地照顾着家人，确保她能满足他们的每一个需求。

一天晚上，贝基的丈夫喝得醉醺醺地回到家，然后开始用各种令人厌恶的、有辱人格的词骂她。随着他越来越大声并且逐渐靠近贝基，她变得很害怕，于是她决定把孩子从床上抱起来，当晚就离开家。但是在贝基这样做之前，她的丈夫就说："你实在太愚蠢了，你甚至都没有意识到你已经被我俘虏了。我负责赚钱。这栋房子在我名下。我把两辆车也都记在我名下。所有银行账户登记的都是我的名字，我不需要得到你的允许就可以注销这些账户。你被困住了，而且你太笨，在你原本可以为自己做点什么的时候，你却根本什么都没做。"

这是一个非常普遍的情况。通常，女性会通过照顾孩子和家庭来支持她们的伴侣，让她们的伴侣有精力挣钱并处理所有与"生意"有关的事情。如果你发现自己已经处于这种脆弱的境地，尝试靠自己去找出一条出路是相当令人紧张不安的。如果你符合这种情况，你就要知道你是有经济权的，不要相信你伴侣的威胁，他只是想吓唬你留下来。

获得一个能养活自己的岗位并不是一件容易的事。如果你还没有找到工作，你必须训练自己或者培养一些能力，然后必须找到工作。所有这些都需要花费大量的时间和金钱。长时间不能陪孩子也很麻烦，你可能需要承担孩子的托管费，而你的收入可能只够勉强支付这一切。

如果离开了他，那么你可能就会时刻面临经济上的不稳定。于是，你宁愿停留在一段虐待式关系之中。或许你不仅觉得离开太难，还觉得离开他会导致孩子的生活质量发生巨大的变化。为了让孩子的基本需求得到满足，你可能认为最好的方式就是牺牲自己、忍受虐待。

海莉（第三部分）

还记得海莉吗？ 那个因腹痛而住院的女人，丈夫对她不够关心，没有陪在她身边。她是那种在质问过丈夫的所作所为后，会对他感到抱歉的人。让我们快进几年看看。

海莉和她的丈夫起初分居，后来便离婚了。离开前夫的第二天，海莉带着她的女儿去杂货店，购买接下来几天要吃的一些食物。海莉惊讶地发现她的信用卡和借记卡都不能刷了。她直奔银行去查明问题，却得知她前夫单方面注销了他们所有的银行卡，并清空了银行账户，这导致海莉和女儿一无所有。海莉此时没有工作，她甚至没有办法购买食物。

海莉质问前夫，到底想要她和女儿怎么做才满意。他回答说："好吧，当你决定离开我的时候，你到底想要什么呢？这就是你应得的。"

当海莉的前夫非常自豪地告诉她，她所面临的经济拮据正是对她离开的惩罚时，他很清楚地表明了自己的思维过程。正如之前所描述的那样，如果一个女人有工作，施虐者也会利用她，施虐者会声称他应该得到配偶赡养费，并宣称他有必要成为孩子的主要监护人，因为她工作太忙了。

一段失败的关系。如果你有一段失败的情感关系，你可能会把自己也视为一个失败者，或者你可能认为应该为施虐者没有离开你而感到庆幸。这些想法会让你对自己产生羞耻感，并让你对自己离开的决定感到内疚。事实是，恋爱关系需要付出努力，这导致很多女性在虐待式关系中付出越来越多，因为她们期望通过努力来使两人的关系变得好一些。施虐者不会直接满足你，他只会满足你的一点点需求，给你一个虚假的期望，即只要你足够耐心和专注，他就会给予你更多，你就能在这段关系中感到满意。你已经投入了太多精力，当你想要离开这段关系时，你会感到不安和沮丧。你拒绝承认他的问题，你会为他的行为辩护，并紧紧地抓住他给你的虚假希望，希望事态会有所改善。[25] 如果有一个信仰体系支撑着这个错误的理论，如果你认为离婚是不可接受的，或者如果你的家人不支持你离开的话，那么结束一段关系对你来说就尤其困难。

缺乏支持会增加结束关系的内疚感，因为它加剧了你对自己做出的决定的怀疑。你会因为你失败的关系感到内疚或羞愧，而且你知道离开是多么困难，以及如果没有经济上和情感上的支持有多困难。因为你不想使施虐者受伤，所以你会因为离开这段关系而感到内疚。你的本性使你不想给他造成痛苦。施虐者知道这一点，并且他很会利用这一点，他会夸大自己可能在情感上受到的伤害，并且威胁你，如果你离开他，他就会自杀。一旦涉及孩子，问题还会被放大。"造成家庭破裂"的念头沉重地压在你的心头，你不想让自己的孩子在离异家庭中成长。内疚感是这段不等关系中的一小部分，但它却是使很多女性被铐在施虐者手铐上的根本原因。

另外，你可能还会想，自己脱离这段关系后是否会更快乐。如果你失去了自我，那么情况就会更严重。许多女性害怕独处，为了避免孤独，她们甚至愿意忍受最可怕的虐待。我经常听到她们说"其他草儿也不会更绿"或"没有十全十美的关系"。虽然这些陈词滥调有时有一些道理，但它们过于以偏概全，并不能适用于所有关系。我可以保证，在虐待式关系之外，"草总是更绿的"。如果一个人能没有恐惧地自由做自己，哪怕需要辛苦工作，那么这也是更快乐的生活。我将通过以下事实来证明这一说法：如果你没有从虐待式关系中学习一些值得注意的方面，以及学会如何为自己辩护，那么你就很有可能进入另一段还不如从前的虐待式关系中。正因为如此，如果你能从过去的经验中学习，那么这无疑能为你自己和孩子创造更快乐、更平静的生活。

我强烈建议你去探究自己对婚姻的看法。对你来说，什么是成功的婚姻？仅仅是两个人一辈子在一起不离婚，而不管他们对彼此的感受如何，不管彼此是如何被对待的吗？想想迄今为止你所坚持的想法，以及这些想法是怎么产生的。挑战自己，去制定一套你自己衡量成功关系的标准。

治疗：是庇护还是诅咒？

即使施虐者愿意去接受比想象中还要频繁的治疗，这也还是会有负面影响。你可能会错误地认为，既然你的伴侣愿意去接受治疗，那么这就代表他愿意改变；甚至更糟，你会认为自己应该留下来，因为他已经开始改变。虽然某些情况下这可能是真的，但大多数施虐者并不会改变。参加治疗往往更多是在作秀，而不是真诚而努力地洞察他自己行为的内在运行模式。施虐者在自己陷入困境时，会试图让你相信他，尤其是当你做出"如果他不做点什么改变，你就要离开"的威胁时。

很遗憾，由于施虐者不愿意为自己负责，有操纵能力，并且把自己视为受害者，大多数针对他们进行的治疗都是徒劳无功的。一个令人悲伤的事实在于，多数治疗师没有接受过关于识别不同形式的虐待的训练，他们也并不总能识别出施虐者话语之中的潜在攻击性，因为施虐者操纵事物和扭曲事物的方式十分微妙。此外，夫妻治疗师练就了保持"中立"的本领，以免疏远任何一方。夫妻治疗师知道，如果他们对其中一方过于苛刻，那么他们就有可能失去其中一方或双方的信任，能帮到这对夫妻的希望就会破灭。

通常情况下，形成一段虐待式关系的模式的特征不会引起重视，从而使问题迟迟得不到解决。此外，由于施虐者的伴侣过度负责，她很可能对自己的缺点过于直言不讳并表示歉意，给人留下"她是这段关系中的问题所在"的印象。再加上施虐者缺乏责任心，你就能看到这种关系的模式是如何从一开始就注定了的。

很多治疗师无法看到潜在的模式在起作用，这就让施虐者占了上风，让他的伴侣感觉寡不敌众、孤立无助。我无法告诉你，有多少女性在与施虐者进行夫妻问题咨询后会更加质疑自己。让人感到更可悲的一点是，很多女性得出结论，认为她们是关系中的问题所在，是她们出了问题，所以她们需要继续留在这段关系之中。如果一些女性意识到治疗师站在施虐者一方，她们甚至觉得应该感激施虐者"容忍"她们。毕竟，治疗师就是专家，对吧？

格雷琴（第二部分）

在格雷琴离开她丈夫之前，她接受了一年多的治疗，为的是看看能否挽回这段婚姻。还记得吗，她的丈夫一直有外遇？在一些谎言被识破后，他坦白了许多格雷琴多年来一直不知道的其他欺骗行为。几年前，格雷琴就断断续续地去看个体治疗师，她觉得在这位治疗师的帮助下一起开展夫妻关系治疗也应该挺不错。毕竟，格雷琴对她的治疗师很有信心，她在无形之中对治疗师很信任。

在几个星期的治疗过程中，格雷琴的焦虑成了治疗的焦点。因为她的治疗师说，格雷琴试图控制她周围的一切。从本质上来说，格雷琴是在控制另一半，而她的丈夫只是在试图处理她在家中所造成的压力。这对格雷琴来说很可怕，但是治疗师说得好像很有道理，所以格雷琴认定自己就是这段关系的问题所在。

格雷琴的丈夫顺水推舟，把自己塑造成一个与她的控制行为做斗争的无助受害者。治疗师并没有探究她的焦虑情绪为何如此高涨，也没有分析在关系中发生了什么使她如此失控。如果治疗师能验证其中任意一件事，那么治疗师就会清楚地看到，格雷琴的丈夫越是试图控制她，格雷琴就越是感到焦虑。格雷琴试图通过控制她能做的小事来控制自己的焦虑，比如过度锻炼身体，用特定的方式布置房子，以及确保她的孩子保持严格的作息。但是，所有这些都被忽视了，格雷琴花了几个月的时间，得到的结果是"她的控制倾向是关系中所有问题的原因"。还能有什么其他缘由可以解释她丈夫的不良行为吗？很显然，她就是罪魁祸首。

格雷琴感到更加无助和焦虑。她体重减轻，情绪低落。与此同时，她丈夫越发觉得自己比她优越，他还不断提醒她，治疗师同他的观点一致，而她是一个不合格的伴侣。

治疗有助于施虐者洞悉你的脆弱点和劣势，以便他能在更有利的位置上控制你。治疗也使施虐者更熟悉心理学理论和专业词汇。因为他对你的缺点有了第一手的了解，他很可能会使用他所学到的知识暗地里对付你。[27] 这会使你失去信心，让你感到不安、脆弱和自我怀疑。如果治疗师真的熟悉了这种虐待的互动模式，那么他们很可能就会挑战施虐者。当施虐者的虐待行为遭遇挑战时，他会采取防御措施，停止治疗。他会贬低治疗师，质疑其资历，以此为他退出治疗进行辩解。

希望就在前方

在你意识到自己想要脱离一段关系到你真正离开之间，通常会有相当长的一段时间。你必须认识到自己所经历的一切，以及你真正应该得到的是什么。如果你还未曾见过一段健康的关系是什么样子，那么你可能就没有榜样来作为参照，这让你更难知道自己应该得到什么。如前所述，健康的关系是建立在相互尊重和彼此需要的基础上的。它是支持性的，不是控制性的。两人之间可以坦率地说话，不必因做自己而害怕受到惩罚。我们都应该因我们原本的样子而得到爱与珍视。

在决定去留时，犹豫不决是很常见的现象。因为有很多事情需要考虑，不仅仅是孩子（如果你有的话），还有你养活自己的能力。这些都值得你仔细费神思考。你可能会决定留下来，因为你觉得离开的风险太高。你只能口口声声地对自己发誓，说几周之后或几个月之后你就要离开他。考虑到你与伴侣之间的过往以及你对这段关系的投入，在停留和离开之间摇摆不定是可以理解的。

对结束你们的关系感到内疚，或担心伤害到你的伴侣，这都是正常的。你高度的同理心只会加剧这种情况。正是由于背负着这种责任感，并且尝试对你伴侣的行为负责，你才在这段关系中处于一种不健康的状态。试着记住，你无法控制伴侣的感受或行为。你有权拥有一段感受到被尊重的关系。

在你离开之后，你的伴侣仍可以生活下去。他可能会说自己活不下去，他可能会威胁你，但这不是你的责任。相信随着时间的推移，你的伴侣会继续自己的生活。要对他照顾自己的能力有信心。

在离开施虐者之前，向你最亲密的家人和朋友求助是很有用的。他们对现状和施虐者过去的情况了解得越多，就越能帮助你离开。人多力量大。记住，施虐者会通过隐藏他的虐待行为而获得权力。你关于虐待的描述越多，对他的威慑就越大。越害怕被抓现形，他就越不可能对你施暴。也就是说，他不想冒暴露自己的风险。

选择离开一个长期虐待你的人是一个非常勇敢的决定。这需要勇气和力量，而你恰恰可能因为长期处于虐待式关系中而特别缺乏这两者。尽管前方无疑还存在许多未知，但你要相信自己有能力在它们出现时处理好它们。你值得为此而奋斗。

结束与施虐者的关系

到目前为止，你可以看到，在这段关系结束时，你已经所剩无几了。如果你走运的话，那么施虐者会结束这段关系，你也不会被迫违背他的意愿去面对他。然而更为常见的情况是，想结束这段关系的人是你。这需要极大的勇气，并且要受制于施虐者，这对你来说是一个危险时刻。

毫无疑问，离开伴侣会令你感到害怕。即使他从未在身体上伤害过你，直觉上你也会觉得他很危险。你知道这将是一场战斗。因为你已经看到过，为了得到他想要的东西，就像他在无数场合所做的那样，他会不惜一切代价。

你很清楚，如果你是那个离开的人，那么这会让他发疯，因为他所有的赌注都会落空。你很清楚，他会在必要的时候施加压力，并使用暴力获得他想要的东西。你很清楚，你的需求和安全感对他而言毫无意义，他以前从未考虑过这些事情。这些直觉告诉你，你需要当心，并且认识到自己有充分的理由这么想。

正因为如此，你可能会求助于你屡试不爽的应对机制，试图管理你伴侣的反应。你错误地认为，如果你做得恰到好处，那么这将减轻对施虐者的打击，这将为你以及你的孩子提供一些保护。要想安全地结束与施虐者的关系，你需要考虑一些关键因素，但是他很可能会像往常一样做出反应。不管你多么小心翼翼地、委婉或柔和地传达消息，他可能都会做出这样的反应。既然你是结束这段关系的人，那么他就会像过去失去控制的时候一样，表现得反复无常。

你需要预料到这一反应，并接受一个事实，那就是你没有办法做什么来阻止这种情况的发生。再说一遍，管理他的感受或行为并不是你的责任。一旦你能接受他将要做出的种种反应，你就开始有能力为处理这种情况做好准备了。

当离开施虐者时，知识是让你感受到更有力量的关键。向专业人士寻求客观的法律意见，对缓解你的焦虑会有很大帮助。

你的伴侣很可能做出了一些或明显或隐秘的威胁，试图以此吓唬你，阻止你离开。如果你们有孩子，那么威胁通常与孩子的监护权有关。他知道这是你最大的软肋，他吃定了你会因此感到恐惧。你必须对律师或法律服务机构坦陈你的恐惧和担忧，以获得关于可能发生的事情的真实答案。典型的施虐者会做出极端的威胁，但是法律不会支持他们的立场。当你从法律的角度来告诉自己可能发生的事以及不可能发生的事时，你就会获得力量，因为你再没必要因为害怕他所说的会发生的事而畏缩不前。

结束关系时要选择在公共场合，或者找人陪着你。如果周围有其他人在场，那么施虐者就不太可能露出暴力的一面。在与施虐者结束关系之后的一段时间内，不要与其独处。重申一次，人多力量大。

离开施虐者之后，你与施虐者的联系越少越好。不要因为他看起来很懊悔、承诺改变或做出威胁，就重新回到他身边。施虐者会利用一切可能的机会施虐，所以你与他接触越少，他就越不可能虐待你。尽可能减少独处的时间，不要在他能找到你的地方做他能预料到的行为。如果可以的话，你最好更换电话号码。如果你争取到了孩子的抚养权，那就单独用一个手机与其他人联系，只用旧号码与他联系。更换你的电子邮箱和所有的密码，以确保你所有的资产都受到保护。

法律制度

法律有时候并不能为虐待式关系中的受害者提供百分之百的人身安全。保护令或限制令可以提供一些保护，因为这些禁令在法律上有强大的效力，但是期限一到，它就只是一张纸。如果施虐者真的对你实施过身体暴力，并有伤害你甚至杀害你的可能，那么就有必要采取更严厉的措施来保护你和你的孩子。曾经的暴力是未来暴力的最佳预兆。施虐者可能会以同样的方式进行攻击，当你选择离开时，这种暴力可能会升级。身体暴力、强迫、恐吓、威胁、跟踪、绑架、监视电子邮件和电话等，都是施虐者可能使用的报复手段。因为这个原因，在离开一段虐待式关系之前，你必须知道你有哪些资源，以及有什么安全的地方可以去。

走法律程序的过程可能与虐待式关系一样令人痛苦。法律服务费用可能会使一些人望而却步，女性可能负担不起相关的花费。在大多数情况下，施虐者处于经济上有利的地位，并可以此作为对付他伴侣的筹码。这可能会导致她放弃，让她认为自己没有机会与施虐者对抗。即使在女性能负担得起法律援助的情况下，似乎也很少有美国律师会真正关心他们当事人的福祉和孩子的安全，他们往往更关注当事人口袋里的美元。即使一名女性足够幸运地找到了一个乐于为她和她孩子的福祉投入精力的律师，与施虐者的对抗依然是很棘手、很有难度的。

你需要尽可能多地记录施虐者的情况，列举身体暴力、言语攻击和辱骂性短信及其日期。坚持记日记（避开施虐者）是很有必要的，因为在以后的时间里你很难回忆起所有的事实和日期。请注意，不要在电脑上写日记，即使你认为施虐者无法访问它。因为施虐者有太多的方法，可以在不被发现的情况下访问这些信息。

让自己获取一些可用的资源是至关重要的。有无数的资源可以帮助女性和儿童摆脱虐待式关系。请用别人的电脑或公共电脑进行学习，以避免施虐者追踪到你的搜索历史。

在关系结束后应对施虐者

你可以使用各种技巧来有效地处理与施虐者的关系。显然，如果你能完全切断与施虐者的联系会更好。然而，如果你有孩子，或如果施虐者是你的家庭成员而不是你的恋人或朋友，那么你就可能无法完全摆脱他。以下是一些可以帮助你应对施虐者的技巧。不过，请记住，虽然有些技巧在某些时候可能会有所帮助，但施虐者永远不会参与到合作关系中来，因为他喜欢戏剧性的效果和控制权。此外他知道，你离开的难度越大，你就越有可能留下来。

有效应对施虐者的方法涉及使用幽默和一些其他的交际手段。施虐者感觉被控制得越厉害，他就越不会退缩，其结果是他会更加奋力反击。如果你能吸引到他，那么你就可能有更多机会获得你想要的东西。[26] 别让他把你弄得偏离正轨，进而使你只能做出防御性的反应。试着耐心回应，指引他回到现实中。不要直接攻击他，这只会分散你的注意力，让你离自己的需求越来越远。要记住，如果施虐者把你的立场视为威胁或挑战，那么他就会采取积极的行动来回应，所以要坚定地陈述你是谁以及你不愿意做什么。

同样，你无法控制施虐者的反应。他会做出自己本能的反应。你可以尽力而为，但要做好一路坎坷的心理准备。理解了这一点，你就能知道如何最大限度地保护好自己。

离开施虐者之后你和孩子的生活

在理想情况下，你和施虐者两个人没有孩子。一旦你真的从这段关系中脱离出来，就意味着一刀两断。然而，许多女性和施虐者是有孩子的，这意味着双方是无法完全一刀两断的。

法律体系和我们的文化规范都强调"共同抚养子女"这一点。虽然这是一个积极的目标，但在施虐者那儿几乎不可能实现。因为与施虐者达到合作关系几乎是不可能的，许多女性为此感到羞愧，因为她们无法达到这个理想的标准。在这种经历中，你会体验到完全的疏离感。

所有的施虐者都是不同的。有些人对他们的孩子失去了兴趣，在结束关系后仍然不参与有关孩子的事。如果是这样的话，那么你可能会发现自己担心孩子有被拒绝的感觉。最好不要强迫施虐者更多地参与到孩子的生活中去。说来遗憾，当和具备这种人格特质的人在一起时，孩子通常得不到他们所需要的照料和关注。当他不在场的时候，注意提醒你的孩子，施虐者缺乏对他们的兴趣并不是他们的错。你要让孩子明白，施虐者的疏远不是他们导致的，也不意味着他们的失败，他们是有价值的、被需要的。这将有助于孩子消除伴随着经常被拒绝或被抛弃而来的不安全感。

还有一些施虐者会尽其所能地控制孩子生活的方方面面，经常试图与孩子的母亲（也就是自己的前妻）保持联系并设法折磨对方。要知道，他把你视作他的财产，一些施虐者在离婚之后能继续生活，并对你失去兴趣，另一些人却不是这样。他仍然把你视为他的财产，如果你是结束这段关系的人，那么他就会让你付出代价。你必须找到一种方式，和那个让你害怕的人"共同抚养孩子"，更确切地说是"共存"。

很多相关书籍都会谈论如何与施虐者划清界限并坚持下

去，这样施虐者就知道他不能继续把你耍得团团转（一个比方）。这会给你强烈的力量感来阻止虐待的循环，从而防止你进一步受到伤害。毫无疑问，从心理学角度看，这对你来说是最好的，如果你能做到这一点，那么在不会对自己或孩子造成更多伤害的情况下，我鼓励你这么做。

然而，尽管我在理论上同意这点，但在现实生活中做到这一点是很难的，尤其是当你的孩子、你最贴心的小生命处于危险中时。施虐者会让你为设定界限而付出代价，他知道伤害你的最好办法是利用你的孩子。我听说过无数种施虐者利用孩子对抗伴侣的方式，其中一些非常令人反胃。

大多数母亲都会尽其所能地保护自己的孩子，甚至牺牲自己，只要她们认为这样做对孩子有益。有一个经典的故事，讲的是两个女人在争论谁是婴儿的母亲。她们走到王面前问谁应该得到这个孩子，王回答说，解决办法是把孩子劈成两半，这样每个女人都可以得到一半。那个不是孩子亲生母亲的女人要去把婴儿切成两半，而孩子的亲生母亲则喊道："不，把孩子让给她吧。"于是，王便知道她是真正的母亲了，因为她希望自己的孩子活下去，即使这意味着她会失去自己的孩子。这个令人心酸的故事让我们明白，母亲会为孩子做对他最好的事情，即使这会给她自己带来巨大的痛苦。

与施虐者谈判就像与恐怖分子谈判。你不太可能取胜，所以你必须尽最大努力把损失降到最低。如果你觉得这能让你孩子的利益最大化，那就不丢人。这并不代表你变得软弱了。尽管这一过程会很痛苦，你可能会感到沮丧和绝望，但请记住，你的孩子会成长，随着他们逐渐长大，施虐者在你生活中扮演的角色会越来越少。尽你所能地挺下去吧，对于这种令人烦恼的情况，没有简单的解决办法。

试着把注意力集中在你所能控制的事情上。最重要的一点是，把精力集中在与你的每个孩子建立牢固的关系上。这将给你一种充满力量的感觉，否则你会感觉非常无力。专注于给每个孩子传递关于他们的积极信息，帮助他们建立自己的价值观，提升他们的自我价值感。在不提及施虐者的情况下，告诉你的孩子什么是可以接受的对待方式，什么是不可以接受的对待方式，这样当他们长大并走进一段关系时，他们就会知道应该期待什么以及为自己争取什么。通过你自己的行动，给孩子树立榜样吧。

不管施虐者试图做些什么，即使他竭尽全力，也无法控制你与孩子之间建立的关系。你是孩子的母亲，你在孩子心中是永远无法替代的。试着让这成为你关注的焦点，不管施虐者的行为多么令人失望或具有破坏力，尽量少花精力关注他。你可以控制其他事情，我会在本书后面的章节中提及这些事情，包括如何消磨你的时光,如何在你的生活中培养积极的人际关系,如何从事你喜欢的活动并开启你期盼的生活。

调整孩子目睹的模式

孩子会模仿他们所看到的行为,无论这些行为是好还是坏。孩子在虐待模式中待的时间越长,他们就越有可能让这种模式继续。如果孩子看到父母中的一方表现出控制和支配的态度,而另一方却表现出默许或怯懦的态度,那么这就无疑给孩子传递了一些强烈的信息。

这让孩子认为自己所观察到的模式是一种正常的互动方式,并让他们默许别人用同样的方式对待他们。他们可能呈现出施虐者的性格特质,也可能呈现出你身上更为被动的性格特质。因此,必须坦诚地与你的孩子聊一聊,什么是可以接受的对待方式,什么是不可以接受的对待方式。孩子需要了解什么是欺凌,以及一个人被欺凌时会有怎样的感受。询问你的孩子,假如他们是受虐待的一方,他们会有什么样的感受,通过这样的方式,他们就能辩证地、有同理心地看待虐待问题。如果你的孩子受到了虐待，那么就问问这给他们带来了怎样的感受。你可以通过体会他们的感受，充满同理心地回应他们的痛苦。

对于那些倾向于扮演施虐者的伴侣角色的孩子，他们往往过分负责，具备高度的同理心，随和且顺从，你要去探讨他们在哪里看到了这种行为模式。你要赞美他们的这些特质是多么美好，并讨论别人可能因这些特质而利用他们的潜在可能。用你自己和你的挣扎史（如果你的施虐者是孩子的父亲，不要指名道姓地说出来），与孩子聊一聊你的体会以及你最终学习到的东西。教会他们如何倾听自己对事物的直觉，并鼓励他们远离任何让他们感觉不舒服的关系。专注于让你的孩子以坚强有力的声音说"不"。重申一遍，孩子会模仿他们所看到的行为，所以如果你自己温顺而怯懦，他们很可能就会像你一样。为了避免孩子重蹈覆辙，你要加强自己的话语权，并展示你设定界限的能力。

孩子扮演施虐者角色的情况也非常常见。如果他们的主要照料人是受害者，这种情况往往会发生。还记得萨曼莎吗？她是一名退伍军人、全职妈妈，有一个爱辱骂她、苛责她的丈夫。让我们来看看她和她儿子的情况。

萨曼莎（第二部分）

萨曼莎的儿子叫杰克，他在大约 11 岁时开始表现出跟他父亲一样的施虐特性。在这之前，杰克一直很爱萨曼莎。她说："由于他父亲的虐待行为，有时候我觉得我们比大多数母子都更为亲密，我们都试图确保他（萨曼莎的丈夫）不会对此发怒。"

但是当杰克稍大一些之后，事情就发生了变化。萨曼莎发觉，随着杰克年龄的增长，他慢慢会有一些顶嘴和反抗行为，但她从未想到杰克会用她丈夫用过的方式贬低她。萨曼莎说："这就好像是我使他厌恶，然后他就对我失去耐心，这正像他父亲一样。"萨曼莎回忆起她儿子喊她的绰号，正是她丈夫曾在他面前叫过的。萨曼莎尝试过质问杰克，为何对她态度有所改变。"有时候会好转几天，但过几天后又会变得跟他父亲一样。"萨曼莎说。

当萨曼莎谈到杰克的时候，她的声音里透露着忧伤。杰克是他们唯一的孩子，她被他深深地伤害到了，甚至到了自己在他身上所有的付出似乎都不再重要的地步。萨曼莎最终不再与她儿子进行任何深入的交流，这并不难，因为这似乎是他最舒服的状态。

杰克开始崇拜他的父亲。他的父亲通常只关注自己的利益，偶尔给杰克一点点关注或认同，杰克会迫不及待地接受，并希望在他那里得到更多。随着时间的推移，杰克变得越来越像他的父亲，对萨曼莎的尊重也越来越少了。

一个目睹过虐待手段的孩子会认为，这是与他们更被动的父母一方的互动方式。他们甚至可能会采纳父母施虐一方对另一方的某些看法，认为后者不值得被尊重。权利授予通常是一种表征。如果你是更为被动的风格，你就可能是在放任你的孩子继续表现得具有虐待性，你认为孩子经历了那么多，他需要更加安全地、更自由地表达自己。你甚至会因为站出来给你的孩子设定界限而感到愧疚。但是，这延续了虐待的循环，这个循环用一个玩家替换了另一个。这让你的孩子学会：（1）他比你更优越，因此不必尊重你；（2）你是软弱的人，并且在他之下；（3）与他人相处的时候也应该这样做。如果你的孩子已经开始用这种方式行事，那么，跟他们设定一个严格的界限是至关重要的。不要在"这是必要的自我表达"的错误观念下，让你的孩子用不尊重的态度对待你。你的孩子可能会生气或恼火，但至少他不会对你或其他任何人施虐。不要贬低你的孩子，因为你本身正在教导孩子虐待是不好的行为，这样做显得太虚伪了。把健康地发泄愤怒的方式教给你的孩子吧，在网上、书上和杂志上有很多相关的知识。一旦你的孩子举止不当，就将其指出来，并告诉孩子这就是施虐。告诉你的孩子，在任何情况下，施虐都不能被容忍，并简要解释原因。然后询问你的孩子，如果你以同样的方式对待他们，他们会有怎样的感受。如果你的孩子表现出沮丧，问问他们是否遇到过别人对他们态度不好的情况，以及他们有何感受。你的孩子可能无法完全体会你的意思，但是他可能会记得自己被伤害的感受。除了在他们表现良好的时候表扬他们之外，还要确保你清楚地表达了你希望孩子的行为应该朝什么方向发展。

对于被动的父母一方来说，采取这样的行动并非易事。它要求我们去做自己以前不愿意做甚至非常害怕去做的事。要自信，不要被这个过程压垮。在这本书的后面，我们将讨论如何学习这些技巧。记住，是我们自己教会别人如何对待我们的，而孩子也会从我们这里直接学到这一点。我们可以通过展示自己的行为来塑造他们的行为方式，通过与他们建立一种相互尊重的关系，来展示如何建立一段相互尊重的关系。不仅要让孩子目睹我们如何勇敢地维护自己，也要教会孩子一些方法，以便他们在将来可以维持健康的、相互尊重的关系。

第 5 章

疗愈

除非使你的潜意识觉醒，否则它将会操控你的人生，而你却称其为命运。

——卡尔·荣格

在理想情况下，当你读到本书的这一段时，你已经摆脱了虐待式关系。如果施虐者是你的家庭成员，或你们俩有孩子，他可能仍然周旋于你的生活中，但希望你已经能做到减少与他接触。

我鼓励你为自己写一本日记。从虐待式关系中恢复就像是一段旅程，其中重要的方面是与自己的内心重新建立连接。为自己买一本漂亮的日记本，你也可以自己去制作一本。然后，在上面写一些当你打开它时你期待看到的内容。这可能是你写过的关于发现自我心灵的最重要的作品。

请随时写下你脑海中浮现的任何想法或感受，作为你学习这一章的任务。你的日记不需要拘泥于所谓的严谨的写作提纲。拿着笔在纸上写，承认你的经历，给自己一个吐露心声的机会，这个日记本就有了宣泄和疗愈的作用。

转变：从受害者到幸存者

直到目前为止，你一直是受害者。你一直是被施虐的对象。这不是你的错，这绝对不是你的错。你现在可以自由地离开这一角色了。成为受害者的感觉很糟糕，无论发生什么事，受害者都会感到无助。如果虐待持续的时间足够长，那种无助感可能就会成为我们身体的一部分。我们体验到的无助感十分强烈，这种感觉甚至开始主动找上我们。当你获得力量的时候，你就会开始明白，发生在我们身上的事并不代表我们本身，这些事甚至是我们变得更强大的催化剂。

知识就是力量，你越是了解施虐者玩的把戏，就越不可能被伤害。很多人相信其他人有纯粹的、充满爱的动机，并很自然地假设别人有和自己一样的意愿。然而，有时候这是一个错误的假设，只会让你成为一个天真的、毫无戒心的猎物，你会因此容易受到伤害。

当你从混沌的状态中觉醒，并感知到虐待的模式时，你就不必再生活在否认的状态中，不必再为他那些不可原谅的行为开脱。要专注于他人的行动，而不是语言。这将使你对对方的动机和意图有更深的了解。

除了了解施虐者和他使用的模式，了解自己也很重要。诚实地面对自己的个性和潜在弱点，这有助于你勇往直前。例如，如果你知道自己倾向于为他人的不足之处买单，那么你就要自觉停止这种行为。即使这样做可能会让你感到不舒服，也别管闲事，让别人承担起他所应承担的责任。保护好自己，避开那些会利用你弱点的人。

全局

正如本书开头所说，虐待是施虐者的游戏。他玩这场游戏只是为了让自己获胜。规则是他制定的，所以他总是能赢。在他的游戏中，如果你试图进行一场权力斗争，你只会失败，并且在这个过程中变得很沮丧、很愤怒。记住，这是他的游戏，他会一直设置游戏规则来使他赢、使你输。

当你充分领悟这个观点时，你就获得了巨大的力量。经过多年与施虐者的互动后，你很容易把他看成一个强大的、拥有完全控制权的人。试着明白，是你过去赋予了他绝大部分的控制权。他只是一个普通得不能再普通的凡人。他无法控制你的思想、梦想或渴望。除非你任由他这么做，否则他无权控制你怎样生活，也无权决定你与他人的人际关系的质量。

在这之前，你曾一直沉浸在他所描绘的现实中，相信他所告诉你的事及他所传达的信息。你也曾努力改变他的想法，试图让他了解你的现实。[27] 务必提醒你自己，你的现实对你来说才是真实的。你的感受是正当的，你的感受很重要。你不需要向任何人证明你自己。最重要的事是忠于自己，过属于自己的生活。

恢复需要一定的时间。对自己要有耐心。疗愈的过程不会一帆风顺，成长往往伴随着痛苦。你要坚持练习对自我保持怜悯。

抑郁与焦虑

我们对周围发生的事情都具有情感上的反应。我们倾向于把某些感受归为消极的、需要避免的，同时不断试图去追求积极的感受，因为我们认为这些积极的感受是更可取的。然而，现实情况是，感受本身并不存在好与坏、对与错。感受负责传递更为详细的关于什么是好的、什么是不好的信息，以此来服务我们。

当我们试图改变自己的感受，或是说服自己摆脱它们时，这通常不会奏效，并最终只会对自己感到沮丧。与其否认、忽视、改变或逃避你的感受，不如简单地觉察它们，这十分重要。这将使你对生活中哪些事可行、哪些事不可行有更为深刻的见解。

当我们不能有效改变生活中对我们不利的东西时，某些想法、感受和行为就会开始显露。当这些想法、感受和行为开始聚集在一起时，我们就会用特定的标签或诊断结果来对这种体验进行分类。

在美国，抑郁和焦虑是最常见的两种心理健康问题。患有抑郁症的人可能会精力不足或疲劳，失眠或嗜睡，易怒，对娱乐活动失去兴趣，记忆力减退或注意力不集中，过度悲伤、无助，并且在极端情况下有自杀的念头等。焦虑症的典型症状是担忧、恐惧，有强迫性思维、强迫性行为，失眠、惊慌失措、无助和心悸等。这些并不是一个人在经历抑郁或焦虑时可能有的情绪和感受的完整清单，它们是一些最常见的症状。尽管抑郁症和焦虑症有一些不同的症状，但它们是相互关联的，当一个人患有抑郁症时，他很可能会经历一些焦虑情绪，反之亦然。

除此之外，经历一段时间的情绪激动，恐惧、焦虑、惊慌失措或难以入眠（焦虑症状）的情况并不罕见，不料随之而来的还有绝望，以及对往常能带给你快乐的事物缺乏兴趣或有挫败感（抑郁的症状）。有这些症状的人经常经历焦虑期和紧随其后的抑郁期的循环。

抑郁和焦虑通常会与生活事件相联系。抑郁和焦虑背后可能会有真实发生的创伤性事件，或它们可能是对生活中长期存在的压力源的反应，比如拥有一段不好的关系。虐待式关系中往往有一股强烈的潜在压力。如前所述，你可能已经尝试用自己能想到的任何方法来对付这种压力。然而，应对方式仅仅是一种减少虐待行为的尝试，并不能真正解决问题。生活在那样的慢性压力下的人更容易被诊断出抑郁或焦虑。对于这种关系，你如何能不产生某些感受和想法，然后发展特定的行为来抵挡它呢？

抑郁或焦虑可能会让你质疑自己以及你在人际关系中的角色。施虐者可能会把诊断结果压在你身上，把它当作武器，声称你显然是这段关系出现问题的原因。此外，由于你的"不稳定"，施虐者很可能会以此作为威胁，以拿到孩子的监护权。如果你正在服药，那情况就更是如此，这给了他一个证明你不是称职母亲的"证据"。如果为了应对抑郁症，你做出了酗酒、嗜睡、忽视自身责任或其他任何自毁式行为，那么当争夺孩子抚养权的时候，施虐者就会拿这点来对付你。

因此，你必须了解导致你抑郁或焦虑的虐待模式，长期的压力会导致你感到精力不足，让你感到无助。你可能会尝试做各种各样的事情来分散不舒服的感觉，以及避免无助感。为了应对这些感受而产生身体上的症状也是常有的现象。如果你寻求帮助并服用抗抑郁药，这些药物可以帮助你缓解一定的抑郁或焦虑症状，但它并不能从本质上消除你所经历的事情的根本诱因。只有解决了虐待问题，你才能从抑郁或焦虑中解脱出来。

一旦你直面你抑郁或焦虑的根本诱因，并能做些什么，你就不会再感到如此无助，从而减少抑郁或焦虑。

抑郁和焦虑会使人脆弱，当关系将要结束时，它会使你的情绪低落。这会让你的处境变得更艰难，因为离开施虐者从来不是一件容易的事。为了减轻自己的焦虑症状，你可能会反反复复地回到关系当中去。显然，这只能暂时缓解急性焦虑。

即使你从虐待式关系中解脱出来，抑郁和焦虑也可能仍是个问题，因为这两种感受通常都会在创伤之后出现。这是正常的，也是预料之中的。要明白，这些感受并不代表你在怀念这段虐待式关系，这点很重要。退一步讲，怀念施虐者身上好的方面也是正常的。这是哀伤过程的一部分，最终你不得不接受这样一个现实——无论你有多爱施虐者，他的不良生活模式都不会改变。

战斗或逃跑

战斗或逃跑反应理论最初是由美国神经学家和生理学家沃尔特·布拉德福德·坎农（Walter Bradford Cannon）于 1929 年提出的。战斗或逃跑是身体对急性压力的生理反应。它是身体应对威胁的自动化反应。当感知到身体上或情绪上的威胁时，身体会释放出刺激交感神经系统的激素，从而促进肾上腺素和去甲肾上腺素的释放。当这种情况发生时，我们的血压会升高，呼吸频率和心率也会增加。出现这些反应是为了让身体做好准备，要么留下来对抗威胁，要么逃到安全的地方去。这就是为什么它被称为"战斗或逃跑反应"。[28]

虐待会产生创伤。身陷一段充满虐待和控制的关系无疑会给人造成压力。我们的身体通过激活战斗或逃跑模式来响应感知到的危险，以应对这种压力。当一个人长时间处于压力状态时，他可能会感到自己身体上的紧张，而且还很焦虑。身体症状也很常见。你可能已经习惯在这种模式下生活了，甚至完全没有意识到自己的身体一直处于那种基于恐惧的状态。身体可能会保持这种状态很多年，甚至一辈子。

有一名女性在每天下午6点都会被她的丈夫性侵。这种事每天都发生，就像上了发条一样分毫不差。在她的丈夫被监禁好几年之后，她开始寻求治疗。在这些年里，她每天下午5点半都会经历惊恐发作。惊恐发作的出现不足为奇，她还被诊断为创伤后应激障碍。尽管这是一个令人毛骨悚然的故事，但它突显了身体为了应对创伤经历而产生的生理反应，虽然创伤已经过去很久，但这种生理反应依旧会存在。

当我向女性来访者解释这个理念时，她们看着我，就像车灯照射下的鹿一样惊慌失措。她们习惯了让自己的身体基于这种恐惧的模式运作，甚至不知道还有别的选择。当一个人回忆起某件事的时候，身体的反应就好像这件事还在发生一样。在与她们一起交谈几次之后，我提醒她们现在已经安全了，并教她们反复练习放松身体，结果却令人吃惊。身体会紧紧抓住创伤不放。只有达到某一关键点之后，谈话才会变得有效。一个人可能在智力层面上了解和认识了某事，但这不代表他能处理好与创伤相关的感受。通常当身体被允许放松，并且这样做也很安全的时候，这个人才会进行情绪释放，而这种释放往往会比任何理性上的认识都要来得强烈。

练习

用毯子把自己舒服地裹起来，不要把自己裹得太紧，那样不方便移动或呼吸。但也要足够紧，紧到能让你感觉自己被这些布料实实在在地包围和裹住。当你被包裹住时，找一个舒服的地方坐下来或躺着。闭上眼睛，开始数你的呼吸。如果你特别焦虑，那从 500 或 1000 开始，倒数你每一次的呼吸。（从哪个数字开始数其实并不重要，这个数数的过程其实是为了使你的注意力重新转向你的身体。）花几分钟来做这件事，找到让你感到舒服的呼吸节奏和数数节奏。将右手握紧，保持30~60秒，然后放开。注意你手心的感觉。接下来，收紧你的右臂并保持30~60秒，然后放松。依次让全身的其他部位重复相同的"先收紧后放松"的过程，注意观察，当你收紧某一部位时你的呼吸会发生什么变化。大多数人用自己的肩膀、颈部、上背部、前额、咽喉或胃承受压力。要特别注意你承受压力的那些区域，如果需要的话，对其收紧更长的时间。在你全身放松完之后，注意你的肌肉有何感觉。如果你身体某个部位仍有紧张感，那就尽可能长时间地收紧这个部位，然后放松。在整个过程中，不断数你的呼吸。当你把注意力转移到自己的呼吸上时，找到你身体最放松的一部分。让自己的注意力集中在这个部位上持续一段时间，注意那些让你感到这个部位已经放松的感受。允许自己继续把注意力集中到正在放松的部位，花尽可能多的时间停留在这个部位。当你这样做的时候，你会意识到身体的其他部位也得到了更深的放松，而不需要你重复这些。

　　这种收紧和释放本身就是一段美妙的放松。我鼓励你多次练习，直到你对这一过程感到自然，然后你就会熟悉这种更深度、更放松的感受。当你掌握了这一部分后，你就可能会想探索下述这个部分。

当你已经慢慢放松并数着呼吸时，想象一个安全的空间。它可以是你去过的任何地方，可以是一个海滩或是你的床，但是它必须是你曾经体验过的最安全、最安心的地方。当你找到这个安全的地方时，想象自己在脑海中去到了那里。

- 这个地方是什么样的？

- 这个地方有哪些声音？

- 那儿有什么熟悉的味道？

- 最重要的是，当你在那儿的时候，你的感受如何？

当你在脑海中去到那里时，提醒自己你现在是安全的……威胁已经结束。在你的安全空间里，让自己去感受快乐、放松和平静。注意这让你身体的感受如何。只要你愿意，就可以一直待在那儿，直到你已经完全放松，再返回到当下的空间里。

慢慢地，你在练习之外也能体验到更明显的放松。在这个过程中，如果涌现出各种各样的感受，或者你发现自己在哭泣，不要感到惊讶。这是一个健康的情绪释放过程，对你经历创伤的身体有很好的疗愈作用。

在情绪释放后，你可能会注意到自己的身体感受发生了巨大的变化。我经常听到人们将这种感受描述为从身上卸下负担，或是比喻为一种"通便药"。我鼓励你继续进行这种放松练习，这样它就会慢慢变得能自动发生。随着时间的推移，可能会有一系列的情绪随之释放，也有可能不会。每个人经历的创伤不同，疗愈过程也是有个体差异的。也许有人感觉自己向前迈了两步，随后又退了一步，这可能令人气馁。我听到有人抱怨说，他们做得很好，然而却再次出现了一些让自己感到悲伤、愤怒或害怕的事情。这根本不是退步。这是悲伤过程中正常的一部分，并没有什么固定的流程。可以这么说，我发觉让我们不断退缩的，是我们还没有彻底解决的问题。当它被完全解决的时候，我们就可以放手，创伤就会被释放。如果你不断回到某件事上，那是因为你还没能完全处理好它，它仍然需要被解决。

善待自己吧。这是一个非常艰难和脆弱的时期。可能你会觉得自己爱哭，或发现自己很容易受到惊吓。这是处理创伤时的正常而健康的反应，当你不断被疗愈时，这种情况也会得到改善。

习得性无助

在那些经受了多次无法避免的痛苦或创伤的人和动物身上，会出现习得性无助。如果人或动物试图逃脱或躲避当前处境时不断碰壁，久而久之，就会开始感到无能为力。当再次面对一种新的情境时，人或动物甚至不会再试图逃脱或躲避了，这就是"习得性无助"。抑郁症和其他精神疾病都与这一理论有关，因为这些疾病患者不认为自己能控制环境。[29]

我们陷入虐待式关系的时间越长，就越容易感觉无助。当试图解决冲突、和平共处或逃避惩罚的努力失败，我们就会愈发感到无助。久而久之，我们开始用不同于以往的视角来看待自己。我们不仅感到无助，而且开始把自己定义为一个无助的人。这产生了巨大的不同。

当无助感成为我们人格的一部分时，它就会削弱我们。我们不再认为自己是有能力的。对于发生的任何事，我们都认为自己是完全无能为力的。这让我们更容易遭受虐待。当我们打破这个循环，并有意识地察觉到自己一直在用那种方式看待自己时，我们就会停止扮演受害者的角色，开始以积极的方式过我们的生活。

练习

有一个极好的基于叙事疗法的练习。它已经被证明在解决问题时十分有效，因为它可以把问题具体化。它能从根本上帮助你将自己（和你的感受）从问题中分离出来，从而使解决方案更加清晰。这是一种令人难以置信的力量，因为它不仅能使我们更客观地看待自身的处境，而且还能使我们看到自己有改变环境的力量。

用第三人称把你的故事写下来，把自己当作故事中的一个角色。例如，不要说"我被评论所伤了"，而是说"某某被评论所伤了"。按照时间的顺序，尽可能详细地写下你们关系中的关键事件。一定要记得，将自己作为第三方来回忆。把你到目前为止经历过的所有可怕的和痛苦的事情都记录下来。审视哪些行为是你自己的，哪些不是你的。描述你的角色在"她"的经历中的感受，以及"她"因为这些感受所表现出来的行为。写好之后，读一读。

- 你对故事中人物的行为模式有什么看法？
- 该人物角色是坚强的、自信的，还是无能的、失败的？
- 她是不是在最初很自信，但后来的情况有所转变？如果是，为什么？

接下来，用第三人称写一个故事，展望你的未来。从你上一段故事结束的地方开始，写下你想让你的人物角色勇敢去做的事，越详细越好。好好享受这个部分吧。让你的想象力如天马行空，让自己成为故事中的女主角。

- 该人物角色的转折点是什么？
- 她是什么时候意识到事情需要改变的？
- 她采取了哪些措施来克服她的无助感？
- 当她重新获得力量时，她的感受如何？
- 她在将来能取得怎样的成就？

如果你更愿意把这个练习变成写一部小说，那就大胆去做吧。这是一部关于你和你的旅程的小说。请享受以如此强大的方式畅想自我的过程。

当你投入到这个练习中时，你会明显地改变对自己的看法。你开始将痛苦挣扎视为与自身分离的、可以战胜的东西。你开始把自己从一个无助的受害者转变成为一个坚强、能干的女性。

苏珊娜

苏珊娜的整个童年都是在批评和虐待中度过的。母亲对她非常严苛和挑剔，一旦认为她犯错了，就会立刻训斥她。苏珊娜的父亲总是"工作去了"，其实，苏珊娜也宁愿如此。他是一个专横跋扈的父亲，脾气暴躁，在骂过苏珊娜之后，只要他认为有正当理由，他还会用皮带狠狠地揍苏珊娜。苏珊娜的父亲也经常在苏珊娜面前对妻子大吼大叫。苏珊娜替母亲感到难过，但是母亲却很冷漠，始终和苏珊娜保持着距离。

苏珊娜无法理解自尊这一概念，更不用说对自己抱有信心了。苏珊娜发现自己陷入了一段虐待式的婚姻关系，当她来找我咨询时，她已经到了连自己的影子都害怕的程度。

苏珊娜不知道如何在她的生活中履行职责（她的丈夫已经不在其生活之中了），她也不知道如何为自己或孩子做决定。她觉得自己完全没有价值。经过了几个月的治疗后，苏珊娜准备好开始为自己编一个故事。

苏珊娜起初感到很不自在，因为她从未见过自己如此强大，甚至能成为一个主角，即使是在她自己的故事里！从第三人称的视角看待自己，她看到自己作为一个无助的孩子受到了十分残酷的对待，她开始产生强烈的自我怜悯之情。这是她第一次全面地审视自己所忍受的一切，并开始感到自己好像已经从一直阻碍着她的创伤中解脱了出来。

此外，苏珊娜是用第三人称谈论自己的未来的，所以她能跳出自我，为自己的人物角色赋予力量，这种力量连她自己都从未体验过。她的人物角色聪明、坚强、有韧性。我可以很高兴地说，不久之后，苏珊娜开始将她故事中的人物角色人格化，因为她让自己摆脱了不安全感和恐惧感。

有很多外部因素是我们无法控制的。不管你多么擅长应付施虐者，你都不能控制施虐者如何行事。当无助感来袭的时候，最重要的是记住积极主动的行为所带给你的感受。当你能客观地看待自身的处境时，有没有一件你可以为之采取行动的事，哪怕这件事非常细微？也就是说，虽然它不能直接改变你的处境，但它可以减轻你的无助感。

哀伤的过程

人们通常会聚在一起安慰被死者撒下的亲人，这时，痛苦会有所减轻。然而，生活中的其他丧失则会让你感到痛苦，因为在这一历程中，你觉得自己得独自承受。你可能会被教导不要给别人添麻烦，或者你只能靠自己的努力振作起来。也许你还会因分手而受到批评或批判。你甚至可能会因为所发生的一切而责怪自己。这些事情会让你感到更加孤独，并加剧你的失落感。

在一段虐待式关系中尤其如此。哀悼一段虐待式关系的结束，可能会让人非常困惑。一方面，你可能会因为这段关系的结束而获得巨大的自由感和幸福感；另一方面，你可能会怀念过去你们关系的点点滴滴，怀念伴侣偶尔对你的好。

哀伤是一种自然的过程，当我们对某人或某事有依恋，但事情却没有按照我们想要的方式发展时，哀伤就会产生。我们常常沉迷于这样的想法，比如伴侣会满足我们所有的期望，我们所爱之人永远不会伤害我们，或者我们拥有一个"完美"的家庭。当事情没有按我们所希望的方式发展时，我们就不得不放弃那些让我们如此依恋某人或某事的想法。我们越是执着于结果，结果就会变得越难实现，特别是当我们习惯于通过所期望的结果来认同自我的时候。

放下期望是一个痛苦的过程，你会体验到一系列的情绪：从愤怒、恐惧、悲伤到恢复希望并接受现实。哀伤的过程并不是一条直线，当你全力克服手头上的问题时，你的情绪可能会反复波动。当接受了这一点时，你就可以允许自己去自由体验自身感受，按照自己的方式解决内心挣扎，并自然而然地开始放手。

丧失是一种全人类都有的体验，没有人可以避免。与你的哀伤情绪握手言和，可以让你走过这一阶段，而不是驱除它或与之斗争。当你能从已经丧失的依恋对象中解脱出来时，你的境界便提升了。这并不容易，甚至很难，但这是哀伤过程中不可或缺的一部分，也是通往疗愈之路的第一步。

意料之外的不安全感

你可能会羞于承认，你其实已经习惯了这种虐待式关系中的某些部分了，甚至对其还有一些怀念。当别人替你做出决定并控制你时，你通常会体验到一种舒坦的感觉。当你知道事情将得到安排，而且不需要你亲自去解决所有问题时，你就会有一种安全感。虽然这种安全感令你感到窒息并控制着你，妨碍你自由地过属于自己的生活，但它一旦消失，你就会变得局促不安。不要因此感到气馁。这是正常的现象。

你可能会发觉，坐在副驾驶位置上曾让你倍感舒服。而现在关系结束了，你就对自己驾驶汽车的能力没了信心。你已经习惯了在每一个转折点上怀疑和质疑自己，而现在你要面对的是完全掌握自己的生活，这让你不知所措，并害怕去接受它。

重点是，要用独立的眼光来看待自己的舒适区范围，这能给你宝贵的洞察力，让你知道在哪些方面需要鼓励自己、促进自我成长。

练习

仔细回顾你的过去，在与施虐者建立关系之前，审视你当时的样子。你在生活中是否曾经有信心独立地处理事情？还是说你总是寻求别人（比如父母、兄弟姐妹或其他伙伴）的庇护？承认庇护带来的好处是件好事，但同时也要认识到，这种庇护使你无法对自己克服障碍的能力产生信心，从而阻碍你的成长。在你的日记中，写下对以下问题的回答：

- 生活中你最害怕的挑战和障碍是什么？
- 具体来说，独自生活最让人难以承受或最可怕的方面有哪些？你如何克服它们？
- 在你生活的领域当中，你觉得哪些是有必要独立成长的？
- 为实现目标，你会采取怎样的步骤？

这个练习可以让你面对自己身上的一些过度发展的部分或未得到发展的部分，它们产生的原因要么是你受到了过度保护，要么是你处于操控性关系中。当你实现一个目标时，你可以设立新目标，不断地扩展你所掌握的东西，让自己成长。你会发现，当你成功地面对并克服恐惧感和不安全感时，你会培养出自信，并对你处理事情的能力产生信心。

放弃共生依赖

对你来说，保持独立的、与他人分离的身份是至关重要的。没有人能满足你的每一个需要。如果你期待有人能预料到你的每个需求，并做出回应，这只会让你感到心碎、失望、沮丧，并最终产生怨恨。久而久之，即使是出于最好的意图，这种模式也会腐蚀一切关系。

作为这个世界上的一个个体，你的真实自我是怎样的？了解这一点对你的恢复至关重要。这不仅让你感觉更有力量，而且使你不再容易在未来又成为受害者。

那些没有克服共生依赖倾向的女性，最终会陷入一段又一段不好的关系之中。如果你不愿意审视自身的行为模式，你就剥夺了自我成长和改变的机会。对有些人来说，改变让人很不舒服，她们看不到自我的角色，继而指责他人是造成一切问题的根源。但是，如果你想要真正拥有幸福的生活和令人满意的人际关系，那么就必须心甘情愿地考虑你有哪些地方需要成长。

你能做的最重要的事情之一，就是给自己腾出一个空间，而不是通过一段恋爱关系去了解自己。生活在一段虐待式关系当中，会让你放弃自身的许多可能性，并在很大程度上使你跟自我分离。你需要时间去了解自己，而不是为了逃避这种独立行事所伴随的脆弱感，陷入另一段感情的诱惑里去。

如果你正在读这本书，并想知道我期望你保持单身多久，那么请不要把这本书"砰"地关上。坦率地说，在经历一段虐待式关系之后，并没有一个确定的用来进行自我觉察的时间期限。每个人的情况都是不一样的。我想说的是，你越是能仔细审视自己在人际关系中的倾向，并愿意直面当前你需要成长的领域，这个过程就会越快。这并不意味着你必须远离每一个可能成为你的潜在伴侣的人，而是意味着你应该给自己足够的时间去了解自己。

我希望你能适应独处。这一点之所以如此重要，是因为只要你能一个人自在地生活，就不会愿意为了一个可能虐待你的人而安顿下来。如果你太专注于寻找一个爱你或是会照顾你的人，而不去反思你对这个人的感受，那么你就很容易陷入另一段不健康的关系中。然而，如果你足够相信自己，你就会知道自己有能力自立，那么当一个潜在伴侣出现时，你就会因为爱他这个人而选择与他恋爱，而不是为了不再孤身一人而与他恋爱。这一点至关重要。

当你放下共生依赖的想法后，有一些事情需要仔细斟酌：

- 允许自己去探索自己的想法、感受和喜好。当你这样做的时候，你就开始了自我定义的过程。

- 与其让别人来认同你，或仅仅把被他人接受和喜欢作为自己的目标，不如先把自己培养成一个自己喜爱和自己尊重的人。

- 不要因为有求于人而讨好别人。直面自身的需要，并认识到你无法控制他人怎样思考、感受或反应。

- 与其在别人身上迷失自己，过度付出自我，还不如把这份付出留给自己。

- 拥抱自我的个性。享受独立所带来的馈赠。

第 6 章

培养自我意识

过去已发生的事和未来即将发生的事，与我们的内心世界相比，都微不足道。

——爱默生

你是一个有价值的人

不管生活在什么形式的虐待式关系中，你的价值感都会慢慢地被侵蚀掉。一个人可能会满怀信心地进入这段关系，但当脱离这段关系的时候，信心却不剩一丝一毫了。如果你来自一个虐待式家庭，过去你常常被贬低和批评，那么你可能从未体验过自信的感觉，你的自我印象也可能非常糟糕。

要知道，你所收到的那些伤人的、苛刻的评价，与说这些话的人相关而与你无关。无论你第一次是从父母那里还是从施虐者那里听到这些伤人的言语，重点都是理解它们是如何产生的。它们是施虐者自身的无价值感在你身上的投射。一旦你能理解这个理念，你就更容易从那些曾听到过的痛苦评价中走出来。这并不等于你不记得这些评价了，而是当你知道它们的由来时，它们在很大程度上就失去了原本的意义。受伤之人，易伤人。爱挑剔的母亲，总是不断在自己孩子的身上挑毛病，其实这是她对自己的不满，并将对自我的批评放在了孩子身上。

当她停止自我攻击的时候，她可能就会停止批评孩子的行为。嘲笑妻子身体的丈夫其实是自己没有安全感。否则，他就不会觉得有必要对妻子吹毛求疵。有很多受伤至深的人，不断地把痛苦强加于他们身边的人。因此，要尽可能地保护自己免受那些人的伤害，这势在必行，因为这么做是在珍视自我。

不管你陷于哪种类型的虐待式关系中，如果你正因自己的低价值感而苦苦挣扎，我希望当你有需要的时候，每天读一读下面的句子，这样你就可以从中汲取营养了。

你是一个有价值的存在。你不仅仅是你的身体，你不仅仅是你的工作，也不仅仅是你所担负的职责（充当女友、妻子、母亲等角色）。你不仅仅是你赋予自身的那些特征，你不仅仅是以往用来形容你的任何词语。你有权去爱，亦值得被爱、被接纳。受到尊重和重视是你的基本权利。

你是一个有需要、有情感、有思想和有欲望的灵魂。你是自己所有的经验，以及你如何对它进行诠释的集合。只要你还活着，你就会对自己的经历有所感受。你的感受是正当的，就像你有权利体验快乐和喜悦一样，你也有权利体验悲伤、愤怒和恐惧。你的感受和需要，与其他人的一样重要。你的幸福至关重要。你的存在远远超越了身体本身。你的存在是值得你爱与拥抱的东西。用这种方式珍视自己，意味着你将吸引那些看重你并认真对待你的人。于是，当有人对你不友好或不尊重时，你会自然而然地通过远离他来保护自己。

原谅自己

原谅自己曾紧抓一切不放。你不可能预料自己当时所不知道的事，你不可能期望自己在一开始就无所不知。生命是一场持续的旅程，我们不知道前方会有什么，直到我们到达那里。一旦我们到达那里，我们就可以回顾过去，从经验中学习。所以，不要为自己当时不可能知道的事情而惩罚自己。

原谅自己，当你的直觉第一次告诉你某事不对劲时，原谅自己没有尽早结束这件事。我们大多数人都有一种天生的倾向，愿意相信别人最好的一面。维护我们所爱之人的行为，是坚定这种信念的一种常见方式。

原谅自己，在这段关系中你做过一些妥协，原谅这些妥协所带来的任何后果。你只不过是试图在最坏的情况下生存，至少从好的一方面来说，你只不过是希望和施虐者一起过上一段正常生活。

原谅自己曾以反常的方式行事。在我们能做出回应之前，我们通常被他们以一种不是很有爱的方式所逼迫。当我们遭受到攻击时，我们天然的倾向是采取防御或反击。想象一只被打了的小狗，它蜷缩在角落里。它胆怯且恐惧，当它知道施虐者会再次攻击时，它就会瑟瑟发抖。但是，如果它被逼迫得过分，它也会咆哮和反击。受够了就是受够了。

原谅自己没有"更强"。你经历了一场"战争"。在一段时间内，你几乎不愿意主动做任何事。你在精神上和情感上都被洗脑了。这就好比你被扔进了龙卷风，而当下刚刚被抛出来。只有当我们离开龙卷风，从远处观察它的时候，我们才能看到它真正的规模和破坏性。原谅自己，你不知道自己正处于龙卷风中，原谅自己没有早点离开。要摆脱龙卷风并不容易，尤其是当你知道自己不能全身而退时。

我们最大的优势，同时也可能是我们最大的软肋。爱和包容是美好的品质，但如果与那些想要利用它们的人共享，就会导致我们受伤。拥抱这些品质吧，没有它们，你就不是你。爱自己所有的善良品质，并懂得更有选择性地与人分享你在生活中取得的进展。

练习

在你的日记里，写下让你引以为豪的事情。你可以写下自己取得的成绩。有时开始这些事很容易，因为你取得的成绩是实实在在的，你很容易发现它们。然后，专注于写下你所喜欢的自己的品质和特质，以及自己作为一个个体所拥有的价值。如果有用的话，就把自己想象成一个孩子。因为孩子通常不容易被自我批评和评价所束缚。你喜欢自己的哪些品质和特质？什么品质和特质给你带来了信心？对你来说，在所有能让你成为你自己的美好事物上建立信心，这点很重要。

学会尊重自己的感受

每个人都有自己的感受。举个例子来说，一些人会比其他人更擅于表达自己的感受，但我们每个人都清楚快乐或悲伤是什么感觉。感受本身并没有好坏对错之分，它们只是感受本身而已。感受的存在是为了提醒我们更多东西。正如喜悦使我们想起生活给予我们的美好馈赠，恐惧的目的是提醒我们潜在的危险。这两种感受都有其目的。它们会告诉我们更多关于我们自身正经历的事情。它们给了我们更多信息，让我们变得更有洞察力。

我们倾向于给感受贴上"好或坏""积极或消极"的标签，而不是接受它们原本的样子，以及接受它们对我们起作用的方式。我们倾向于回避"坏的"或"消极的"感受，而不是包容及接纳它们，也未曾倾听它们试图传达给我们的信息。我们认为不必去体验自身的感受，所以当我们控制不住自己的思绪时会感到沮丧。我们努力用逻辑解决我们的问题，认为如果问题解决了，我们就会得到解脱。然而，有许多问题是没有真正的解决办法的，还有一些问题是没有正确答案的。[30] 我们使用上文所列出的许多应对机制，以避免那些让我们感到悲伤、愤怒、孤独或害怕的情境。通常，这些感受表明，确实有一些事情需要改变，但改变可能会让人感到恐惧和难以承受，所以我们会循环使用以往的那些应对策略。

当人们允许自己静下心坐下来，在一个不带评价的立场上倾听自己的感受时，他们通常会感到些许安慰。倾听自身的感受会赋予你强大的洞察力，让你知道你需要什么，给予你改变自己所需要的工具。当你这样做的时候，便可以与感受深度连接，而不是逃避它们。当你逃离这些感受时，它们会一直追逐你。

而当你和这些感受"坐在一起"，并悉心洞察它们的时候，它们就不再拥有支配你的力量了。我们可以从抵抗、挣扎和压抑，走向平静与接纳。

练习

定期练习觉察自己在应对各种情况时的感受。不是你想到了什么，而是你感受到了什么。例如，当你发现自己在不饿的时候走向冰箱，那就停下来。花点时间来确定你的感受。你对某件事感到悲伤吗？你感到孤独吗？你对某件事感到愤怒吗？写下你的感受。如果你不能确定原因，那也没有关系，这不是法庭，你不需要向任何人证明你的感受，甚至不必向自己证明。只要给它们一个被表达的机会，接纳它们即可。这是一个不用评判就可以更好地了解自己的机会。

培养自我意识

进入一段虐待式关系之后，你可能已经失去了与自我的联系。这很常见。你可能早已放弃了自己的需求、渴望、喜好和观点。你可能会发现，当你想要找寻自我的时候，你甚至不知道应该从哪里开始，这个过程会让你感到脆弱和不安。

不要给自己施加压力，以期望所有问题都立刻得到解决。你不需要因为自己没有强烈的自我认同感或自我意识而自责。培养这些的第一步，可以从问问自己对事情的看法和感受开始。在那一刻你的感受如何？你能识别出这种情绪并说出它的名字吗？你如何看待从电视上看到的事物？你对此有什么见解？你读的这本书让你有何感受？如果这个练习对你来说是合适的，那就继续深入。你对自己的感受如何？写下这种情绪。你对生活中的其他人有何感受？给这些感受命名。你怎么看待自己现在的生活状态？真诚地进行回答。当你有意识地开始与自己互动，你的自我就开始呈现。这是一件令人激动的事，应该受到欢迎，而不是被批评。

如果你已经内化了施虐者的评价，并因此变得麻木，那么这就是一个非常值得注意的模式。甚至在施虐者离开后，用施虐者的声音来代替自己的声音的情况也是很常见的。你需要认识到这种情况会在何时发生。有时候，像对待最好的朋友一样来对待自己是很有帮助的。你不会因为不高兴而批评或贬低她，对不对？不会，你会支持她、鼓励她，提醒她记住自己身上美好的品质，告诉她她很坚强。请用同样的方式来对待自己。

练习

问问自己曾听到过哪些信息。它们对你来说意味着什么？你是否已经内化了他人的批评？把这些相关评价记录下来是挺有帮助的一件事。当你能客观地看到你以前如何与自己对话时，你可能会感到愤怒。当你练习更客观地觉察内心的自我对话，能捕捉到自己对自己所说的刺耳的话时，试着去接纳它，并找出它从何而来。然后，把这些信息转换为友善的内容。比如，你可能意识到自己正在某件事中挣扎，但不必为此羞辱或贬低自己。再比如，不要因为你觉得独自一人不自在，就告诉自己你很可悲，而是要意识到你是在自称可悲。这是一种放下。退一步，从一个非主观的角度来看，你可能只是害怕自己一个人。独处对你来说可能是一种新的体验，或者你可能因为经历过一些创伤而觉得独自一个人很危险。倾听你的感受。通过把感受转向真实发生的事情来理解自己，你不是"可悲"，而是"害怕"。更进一步告诉自己："我很害怕……是因为我对自己、我的感受以及那些让我体会到这些感受的事情产生了共鸣。"

如果你觉得很难做到自我同情，那么把自己想象成一个婴儿可能很有帮助。作为一个婴儿，你是完全无辜和纯粹的。你是一张空白的画布，值得被爱和善待。作为一个婴儿，你会因为感到害怕而自称可悲吗？不。作为一个婴儿，你将对自己说些什么？从这里开始练习。

当你开始以一种富有同情心的方式与自己互动时，你会发现各种各样的感受都自发呈现出来。在这个过程中，感到极度的悲伤或愤怒并不罕见。在这之前，对你来说，让你的感受呈现出来是极不安全的。而现在则是安全的，感受可能会以惊人的方式开始流动。

一个女人结束了一段虐待式婚姻，但在分居之后，她在情感上完全被隔绝了。她在离婚的过程中表现得很坚忍，并认为自己做得很好。离婚后的几个月，她来到我这里，跟我说她退回到从前了。她的情绪到处弥漫，难以控制，这让她很懊恼。她觉得自己在倒退，因此对自己感到很恼火。

这是在摆脱虐待式关系时，关于自我批判式对话和情感历程的一个很好的例子。她因为没有变得更强而攻击自己，而不是对自己保持同情，而且她在整个过程中都很情绪化。她试图回避真实的自我和感受，这只会令她更加沮丧。在她能放下自己对事情应该怎样发展的判断之后，她开始接纳自己的情绪，而不是与之抗争。当她这样做的时候，她体验到了极度的悲伤，并且允许自己在需要的情况下尽可能哭出来。她需要为自己得不到一直想要的关系而感到哀伤，她需要为自己及所经历的一切感到哀伤。在另外一些时间，她对丈夫曾经对她的所作所为感到愤怒和气愤。她需要对丈夫曾经对待她的方式表达愤怒，并对自己放任这种情况发生表示愤怒。她最终允许自己去感受和承认自己的情绪，而不是与之对抗，所以她能修通这一过程，并超越它。她对真实的自我产生了欣赏，不再因为自己的经历而在情感上受到牵制。

如果你不控制自己的生活，别人就会

　　大多数女性天生有取悦他人的渴望，处于虐待式关系中的女性尤其如此。这种倾向使得许多女性处于不健康的关系中。她们会有一种错误的信念，那就是如果她们能做到伴侣所期望的那样，情况就会有所好转。这种心态通常也会延伸到她们与朋友和家人的关系中。显而易见，女性在这一过程中迷失了自我。她们变得如此忙碌，为了满足他人的需要而消耗自我，甚至到了耗尽个人精力的地步。在她们试图取悦他人的过程中，她们牺牲了自己，并流露出怨恨之情。随着怨恨的加深，这种关系会被侵蚀。如果她们一开始就说出自己真实的需求，就不会因为对方没有预料到或尊重她们的需求和感受，而心怀怨念。

　　学会如何拒绝和设定界限，是从虐待式关系中恢复的关键部分。掌握这个技巧，对于一个女性来说是至关重要的，这可以使她在生活中更加坚定和自信地向前迈进，而不会感到无助和不知所措。在学会调适好自己，调适好自身的需求和欲望之后，你会更清楚地知道自己想对某事说"行"或"不行"。你不再无视自己和自身的感受，而是倾听内心的声音。你完全有权表达你对自己所做的和不想做的事情的感受。即使你不想做某事，你也不必感到内疚或羞愧。说"不"并不等于自私。

有时候，我们能为自己做的最满意的事情之一，就是对某人或某事说"不"。如果我们长期生活在害怕让别人生气的恐惧中，这可能真的很困难。然而，当我们以这种方式保护自己的时候，我们就给自己传达了这样一种信息，即我们是非常有价值的，我们值得被支持和被尊重。我们开始为自己的生活腾出空间，而不是让自己劳碌不堪。这不仅能帮助我们培养强大的自我意识，还能间接教会别人如何对待我们。如果其他人知道我们并不害怕说"不"，知道我们不会容忍任何类型的虐待，那么他们就别无选择，只能要么尊重这个界限，要么离开。（请注意，他们可能会生气，但是你不用对这种反应负责。）当你对这一过程感到更加自在的时候，你就会开始观察对方的反应，并决定你想和他们进行什么程度的交往。没有安全感的人会不断地问自己，对方是否喜欢自己。自信的人则会去问自己是否喜欢对方。这两件事差别很大，生活也会随之而改变。决定你想和谁相处，以及选择不与谁在一起，是一股不可思议的力量。

当你选择剔除那些不能使你生活质量更高的人和事时，你就解放了自我，也拥有了更多自己的时间。与其花费精力去履行一堆义务或处理有毒的关系，不如把你的情感能量投入到能提高你的生活品质和自我价值的事情上。你是在控制自己和自己的生活，而不是被其他事物控制。

练习

去探索那些你感兴趣，或听起来很有吸引力的事。腾出时间去关照自己。这可以像培养一个新的爱好一样奢侈，也可以像洗一个泡泡浴那样简单。它不需要花钱。每天晚上散散步，使你的头脑清醒，并与自我建立连接。看你喜欢的电视节目或电影，也是一种连接自我和享受自我的方式。去图书馆挑选你感兴趣的书，或者开始在家里播放你喜欢的音乐。想一些属于你自己的方法来对待自己。你经历过非常困难的事，所以要想办法与让你感觉良好的东西建立连接，来练习对自己和你所遭受的一切抱以同情。

去愤怒

在恢复过程中，承认你愤怒的情绪至关重要。探索你的个人成长史和有关愤怒的想法是很重要的，但承认这些可能会让你不舒服。愤怒是一种正常而健康的情绪。它不会让你变得仇恨或者刻薄。其实，你越是拒绝表达愤怒，愤怒就越有可能在你的内心深处扎根，进而慢慢转变成怨恨。

如先前所讨论过的那样，施虐者的伴侣通常会成为一个妥协的、包容的、过度负责的人。随着时间的推移，这种心态失衡在你将自己过度定义为上述这些属性的情形下会加剧。举例而言，承认有愤怒情绪，对曾经的施虐者的伴侣而言极具挑战性。

卡尔·荣格首先提出了"阴影理论"（the shadow theory），这一理论认为我们倾向于通过某些特定属性（光亮之处的特质）来定义自己，但我们越是执着于这些属性，我们就越容易心态失衡，因为我们否定这些属性的对立特质（阴影）。[31]例如，一个人越是认为自己甜美、顺从和有耐心，她就越抵触相反的品质——易怒、有主见和有激情。她可能认为这些品质是坏的或不吸引人的，所以她否认自己身上有这些品质。她变得越来越不开心，因为她把自我非常真实的一部分割掉了。阴影在一段关系中也扮演着非常真实的角色。一个人表现出某些方面的特质越多，另一个人就越有可能试图在自己身上压制相同的特质，于是这段关系中就产生了两极化效应。在虐待式关系的案例中，我们可以清楚地观察到这一效应。一个人越易怒、独断、占主导，他的伴侣就越有可能和善、服从、顺从。他们都拒绝自己的阴影，却让伴侣为他们携带这些阴影。这种关系很快就会变得不平衡，并表现出破坏性模式。

我们都是人，这一点意味着我们会对事物有自己的感受和想法。这没什么可羞愧的，而是值得接受和庆祝的。体会了阴影所带给你的力量，你就会对你自己、你的需求以及让你成为自己的所有特质有更多的认识。这将使你拥有更加平衡和幸福的生活。与其否认你的愤怒情绪，把它们贴上"不好"或"不可接受"的标签，认为它们是需要避免的东西，不如给它们一个发声的机会。承认你的阴影并不意味着它会主宰你的生活，或是把你变成一个完全不同的人。情况甚至会恰恰相反。

当承认自己的阴影时，你会对自我和自我需求更加有意识。当你开始认识到自己的力量和主张是你真实存在的一部分时，你就会变得更强大，不再对批评感到敏感。这让你能更加真实地生活，提高你对生活的满意度，减少你对他人的怨恨。

那些发生在你身上的事并不是你的错。施虐者很可能会尽力让你相信虐待是由你自己引起的，但其实施虐跟你无关。与你有关的一部分仅仅是：你允许自己受到如此糟糕的对待。

在你身上所发生过的事是不可接受的。你值得被爱、被善待、被尊重。允许自己对自己曾经受到的对待感到愤怒，允许自己对放任自己受到这样的对待而感到愤怒。在你刚获得的力量当中陶醉吧。

练习

西方文化教导我们，对于女性来说，表达愤怒是很不合适的，因此，许多女性对拥有愤怒情绪或表达愤怒感到不舒服。然而，承认愤怒是非常健康的举动，学习如何表达愤怒本身也可以起到一种很好的宣泄作用。

你需要具有一定的创造性，直到找到一个让你觉得舒服的发泄方式。在日记里写下你的愤怒是很有帮助的，尤其是如果你把它写得仿佛你正在面对你的施虐者（你不需要真的把日记给他）。把头埋进枕头里喊叫，或买一个拳击袋都是发泄愤怒的好办法。参加自卫术的课程也有疗愈作用，并能增强你的力量。通常来说，女性在释放了某些身体上的攻击性后会感到更快乐、更强大。挑战自己，无所畏惧地向前迈进吧。这是你私人的放松时间，给自己腾出一些空间去愤怒吧。

学会设置界限

如果你一直处于虐待式关系中，那么毫无疑问，你会一直苦于设置界限。施虐者不断越过底线，试图维持任何类型的界限对于你来说都是一件艰巨的事。其实，施虐者把设置界限看成是对他的挑战，他会想出各种方法来清除你设置的界限。对他而言没有什么是有禁忌的，包括贬低、批评、取笑、轻视、操纵，假装自己是受害者，假装自己有健康问题，威胁要自杀或伤害你。

应付施虐者的计谋让人精疲力竭，大多数人会发现这些计谋很容易隐藏。久而久之，你甚至会觉得没有必要去维护自己。然而，设置界限是一项至关重要的技能，它可以为你指引新的生活。如果没有它，那么你很可能就会发现自己处于另一种类似的关系中，甚至只能把精力花在那些你并不想做的事情上。记住，你是有价值的，你的时间以及所花的精力也是有价值的。学会保护自己。

如前所述，施虐者的伴侣通常是一个过度负责和随和的人。探索你为什么难以设定界限，这对你自己来说是一项至关重要的工作。审查一下你为什么很难说"不"，或者如果坚定地设置界限，最让你担心的是什么。你为什么害怕维护自己？你是如何看待坚定和拒绝的？独自探索这类问题，或者与信任的人，比如你的治疗师一起探索这类问题，将对你认识到这为何是一场硬仗很有帮助。

很多人难以设定界限，因为他们害怕别人会不喜欢他们，或害怕他们会伤害到别人，并最终导致自己被抛弃或被拒绝。他们会竭尽全力来避免这些事情。施虐者知道，如果他威胁说要离开，你就会更加努力地取悦他。这会让你成为他的人质，而他就可以要挟你做任何他想要你做的事。

克服恐惧最好的办法之一就是与之和平相处。当你面对自身的终极恐惧，并允许自己拥抱它，就好像最坏的事情已经发生过了一样时，恐惧就失去了对你的掌控。如果你能接受这样的理念，即你所面对的人可能会生气，也可能会最终拒绝你，那么你就不会再被恐惧所挟持。用你的方式去克服它。如果一个人因为你谈及你自己或者你的需求而生气、拒绝你，那么他会是那个你真正想共度一生的人吗？又或者，你是否想要一种关系，在那种关系里你可以自由地为自己和自己的需求发声，而不用担心遭到惩罚？在理想情况下，你会肯定后者，你会放下拒绝让你做自己的人，走向通往和平的道路。

为自己腾出空间

在通常情况下，那些最终陷入虐待式关系的女性已经学会了将自己变得很卑微。也许你一直就是这样：回避聚光灯，反复道歉，宽容地对待那些不可原谅的事。或者，你也许曾经坚定而自信，但经过了多年的沉默之后，你学会了安静地坐在角落里。

与施虐者一起生活是如此艰难，难怪许多女性发觉自己一直在尽可能表现得不那么引人注目。这是对施虐者行为的天然反应。反复道歉，感到内疚，压抑自己的感受，在面对冲突时畏缩不前，这些都是施虐者的伴侣再熟悉不过的生存技能。我经常可以通过一个女人的肢体语言来判断她在多大程度上是采用这一模式的。已经习惯了以这种方式生存的女性往往会缩成一团、耸起肩膀、佝偻着身躯，仿佛要让自己显得尽可能卑微且不重要，就好像她们应该为自己在房间里吸了太多氧气而道歉。她们也发现，长时间否定自己之后，她们已经很难去辨别自己的感受和偏爱了。

若你能体会这一点，那么你并不孤单。能开始有意识地发现自己已经采取了这种风格，对你的恢复也意义非凡。这种风格其实是一种生存技能，但它不再是生存的必需品！你已经在这段关系中幸存下来，现在准备好放松肩膀、深呼吸、挺起胸膛吧。你已经获得了巨大的力量，现在的你已经准备好为自我腾出空间了。

你对自己越坦诚，对自己的生活越投入，你就会感到越满足。真实的生活是获得真正幸福的唯一途径。为了避免在虐待式关系中发生冲突，你曾不得不放弃真实。你成了一个否认自己真情实感的行家，假装一切没事，而其实不是；假装自己还不错，而其实不是。了解你自己，了解你真正的想法和感受，都需要时间。

为了被人喜欢或避免不和谐而假装成另一个样子，这是最难打破的心理惯性之一。这种惯性根深蒂固，你甚至开始忘记真实的自我是什么样子。你可能会害怕，如果展示了真实的自我，就会伤害他人的感情，导致冲突，或被拒绝。你要重新审视这种想法，因为只要以这种方式生活，你就无法与自己或其他人建立真实的关系。你无法控制或驾驭别人对你的看法。试图这样做只会让你陷入困境。放弃这些错误的想法，可以使你有能力与那些真正懂你的人建立关系，因为他们喜欢和尊重的是真实的你。把自己从伪装的负担中解放出来吧。

每次当你发现自己在道歉的时候，都要打住。停下来问问自己为什么要道歉，如果没有真正的理由，那就不需要道歉！

不要只是为了填补那些让人不舒服的空间，也不要只是为了让真正有错的人感到舒服而道歉。不是你应该承担的，就不要承担。反复道歉是一个迫切需要被打破的习惯，因为只有这样，人们才会尊重你，才会不再逼迫你。

下一个步骤是，不要因没道歉而感到内疚！对自己感到内疚只会让你感到自己很糟糕。你给自己传递的信息是，你一直是很糟糕或是错误的。这不是真的，还会削弱你的自尊。事后去看，对过去应该或不应该做的选择感到内疚，只会让你陷入恶性循环。它会让你陷入自我的"地狱"，因为回顾过去令人痛苦，而展望未来又令人恐惧。这使人心力交瘁。我们都会有遗憾。虽然我们都已经竭尽所能地运用当时所掌握的资源，但当我们回顾往事时，往往会事后诸葛亮，总是想着当时应该做些什么不同的。原谅自己曾经不知道，昂首挺胸向前看，你会因此变得更强大。

当我谈到为自己腾出空间时，很多女性脑海中都会产生一个苛刻、混账、恶毒的负面女性形象。她们会问诸如此类的问题："这不是自私吗？""谁愿意跟一个不好相处的女人在一起？"有了这些联想，也就难怪她们不敢坚持！我们大多数人都不想被这样描述，这完全可以理解。然而，这些问题所描述的女性和一个对真实自我满意的女性之间有着天壤之别。后者知道自己有什么价值,珍惜自己的时间,会守护她邀请进入其生活的人,不害怕尝试新事物(即使冒着可能失败的风险),并且在需要的时候,也不害怕以一种坚定而恭敬的方式说话。这些女性忠于自己,也不冒犯任何人。她们理直气壮地在生活中为自己腾出了空间。毕竟,这是她们自己的生活。

接受

我发现 "接受" 这一理念对很多女性来说不仅困难,还使人非常不自在,甚至可能相当痛苦。用来避免"接受"的行为可能有很多种:也许我们会躲避聚光灯,想让自己尽可能渺小以免受到任何关注,只留下一种隔绝和孤独的感觉;也许我们会无视别人的赞美,希望他们把注意力转移到别的人或事上,但在内心深处,我们觉得被认可的感觉其实很好;也许我们特别反感那些寻求他人关注的行为,于是通过表现得特别无私,过度掩饰这种反感。然而,既然我们希望他人能给予我们关注,希望自己或他人满足我们的需求,那么为什么还要如此抵制和排斥我们渴望的东西呢?

这个问题的答案很复杂，尽管复杂程度因人而异，但在核心层面上，我们有一种信念，认为我们不值得"接受"。"接受"的东西往往因人而异，它可能是爱慕、关爱、认可、关注、礼物、赞美或者任何介于其间的东西。了解自己和我们深层次需求的最好方法之一，就是探索我们最初的感受。

我们对外部事件都会产生感受，其中对人生发展最具有影响力的可能是我们童年的经历。我们通过培养一些应对方式来处理这些感受，从而在我们的成长环境中生存和发展。我们把这些应对方式带到了成年，把它们运用到任何能诱发这些感受的压力情境中。当这些应对方式不再为我们服务时，问题就出现了。不再服务于我们的应对方式会伤害我们，阻止我们得到我们真正想要的东西、妨碍我们成长。例如，一个在童年未获得来自母亲的温暖、关爱和认可的女性，可能已经养成了用坚硬的外壳来掩盖内心的匮乏的习惯。她学会了在不满足自身需求的情况下生存，并把自己的需求最小化，为了迎合母亲，或许她已经学会了用食物、酒精、异性来安抚自己。每当有人走过来拥抱她时，她的身体就会紧张，她会和人们保持一定的距离，不会冒着受伤的风险去敞开心扉。在内心深处，她感到孤独、有缺憾，认为自己不够完美，也不配接受她所深切渴望的爱。这些感觉太痛苦了，所以她决定留在安全的地方，抗拒"接受"的行为。

我们童年时期未被满足的需求可能会在成年时期显露出来，影响我们与他人之间的互动，以及我们的生活质量和人际关系。你或许可以理解，也或许无法理解上述例子中所给出的细节，但如果你仔细想想自己未被满足的需求和不安全感，你将对自己内心最深处、最重要的创伤产生深刻的见解。

我认为，与内在小孩建立连接能在很大程度上改变我们的生活。它也许可以从根本上治愈我们最深的创伤，唤起人们对于童年未被满足的需求的认识，使人们认识到是当前的恐惧阻碍了我们前进，我们还会因此得到全面向前迈进所需的东西。在这一过程中，我们可以学会重新滋养自己，学会给予自己从小没有得到过但其实仍然需要的东西。

练习

· 你对悲伤、哭泣、孤独、孤立、绝望、空虚、害怕、不安、恐惧或担心的最早回忆是什么？

· 当时的你多大？你能闭上眼睛，看看那时的自己吗？你是怎样的形象？你是什么发型？你有什么表情？

· 你周围发生了什么？你对此有何感受（而不是想法）？

· 那个小女孩做了什么来处理她的感情？

- 现在你还用这种应对方式来安抚自己吗？

- 你的应对方式是能继续帮助你，还是已经在某种程度上阻碍了你？

- 那个小女孩需要听到什么？

- 什么能让那个小女孩感到被爱、安全、受保护、稳妥、足够好、有价值感？

这些问题挺深刻的，不是吗？当你与内在的小孩建立连接时，你会开始以一种更富有同理心的方式看待自己。你会怜悯自己的内在小孩，充分接纳她所忍受的伤害。当眼前的态势升级并触发你的极端情绪反应时，你会明白是自己内在的小孩被唤醒了，她需要被关注。你怎么才能保护她，并保证她的安全？她需要从你那里听到什么？你将如何宽慰她？

琳达（第二部分）

还记得琳达吗，那个丈夫去世且极度没有自信的人？童年时期的琳达在身体上和情感上都被忽略了。她是许多兄弟姐妹中的一员，经常会饿着肚子睡觉，她曾希望自己能在睡梦中平静地死去。她的父母更喜欢她的哥哥和弟弟，并且告诉她，她的人生注定是要失败的。

当琳达与自己的内在小孩进行连接时，她看到自己大约 5 岁，站在幼儿园教室里，觉得自己不够好、不配在那里上学。她的衣服脏兮兮的，她很敏锐地意识到自己的头发不像班上其他小女孩那样梳得整齐。她尽量使自己变得卑微，尽其所能不引人注目，她宁愿不被注意到，这样她才会有安全感。

50 年后，琳达还是不喜欢被人关注，并且认为自己不够好，不值得让那些美好的事发生在自己身上。除了那些与她的孩子有关的人，她回避所有人际交往。当我问琳达，那个独自站在幼儿园教室里的小女孩需要的是什么时，她泪眼婆娑地说："我需要知道我很重要。我很重要，理应被好好养育和照料。我需要得到足够的重视，理应有人帮忙打理我的头发。我需要有人告诉我，我足够好，我和其他所有的孩子一样好。"

有时，只要简单地提醒你的内在小孩，你就在那里，在那里保护着她，并给予她所需要的关爱，这就足够了。有时，则需要进行更深入的工作。如果有帮助的话，你甚至可以写信给她。就像叙事疗法的练习一样，当你把内在的小孩外化时，在你不愿或不能表达你自己的时候，你允许她表达她的感受。当你对这个观念越来越适应时，你就会发现，你开始给自己的内在小孩真正需要的东西，其实是在允许她去"接受"。这是重新养育孩子的过程。你正在积极满足内在小孩的最深层次的需要。当你允许内在小孩体验"接受"时，她就会对这种做法感到更舒服，并相信她是配得上的。而且这是第一次，在你生命中，你开始相信你自己也是配得上的。

如果你曾经和施虐者有过一段关系，那么毫无疑问，你已经习惯了自己真正的需求只得到极少的满足。在你们的关系中，你的内在小孩一直存在，但她没有勇气为自己的需求发声。正如一名来访者说："我感觉自己像一只小狗，坐在后门，等着他给我扔点儿残羹冷炙。"我认为这非常准确地描绘了与施虐者共处的真实感受。施虐者有能力付出一点儿，但这是有限的，因为这得完全按照他的规则来。他决定了自己愿意付出什么，以及何时付出。

从情感支持、关心的话，到资产和物质，一切都是如此。施虐者的伴侣已经习惯了得不到她所需要的东西。她也许能正常生活，但肯定谈不上活得富足。

当学会了在情感沙漠中生存之后，"接受"会让人感到陌生。许多女性发现自己不喜欢被称赞，不喜欢因工作出色而接受荣誉，不认可自己的需求，或者为自己找各种理由。当别人给予那些事物时，她们通常会感到不自在，而这种不自在会使众多女性受到阻碍，即使在脱离虐待式关系之后，她们依然无法接受这些东西。

学习"接受"是你能给自己最好的礼物之一，它可以改变你的生活。你不再需要隐藏自己或让自己变得卑微，不再需要逃避生活所提供的各种体验。你是有价值的，值得美好的事降临到你身上。从防御性思维转变为一种鼓励积极体验的思维，可以实实在在地提高你的生活质量。你不再需要不惜一切代价保护自己。你一直给予自己的保护，同样也是阻碍你"接受"的障碍。

至此，你可以相信自己很强大，有能力渡过任何难关。所以，让自己敞开心扉，沉浸在生活所提供的美好的事物当中吧。鼓励、赞美、支持、友谊、爱和成功，这些都是你可以得到的东西。你值得所有这些东西，你的收获越多，这些东西就越能满足你、充实你。久而久之，你将从没有任何东西可以付出的情感枯竭状态，变成因为拥有很多所以想要付出更多的状态。这是一件美妙的事情。允许自己"接受"吧。

放下恐惧

认识恐惧对你生活的影响，可能是结束与施虐者关系之后最严峻的、最难以克服的问题之一。施虐者非常善于给他的猎物制造并维持恐惧感，对施虐者的伴侣来说，即使没有真正的威胁，恐惧依然会如影随形。

恐惧是潜伏着的。一旦它站住脚，它就会渗透到你生活的方方面面。恐惧会以各种不同的形式表现出来，有些明显与施虐者带给你的创伤经历有关，有些则不那么明显。我认识一些女性，她们害怕飞行、开车，甚至害怕坐电梯。在这些案例中，恐惧与虐待不直接相关。但是，这些女性长期生活在一种压力状态当中，所以她们的无助感和恐惧感转化成了对具体东西的恐惧。说你害怕坐飞机，要比承认（如果你能意识到的话）你害怕丈夫生气容易得多，对吧？

你的恐惧会让你质疑自己的工作能力，质疑自己是否能照顾好孩子，甚至会让你怀疑自己是否有能力照顾好自己。对于一些女性来说，恐惧会使她们衰弱。

恐惧并不一定是外显的。它甚至可能在你离开这段关系之后，以你不知道的方式影响你的潜意识。在离开虐待式关系并获得安全感时，你通常会开始处理和消化自己曾经历的事。做噩梦通常是创伤后压力的体现。它们是对未被处理完的事物的潜意识思维加工。随着时间的推移，做噩梦的频率以及噩梦的严重程度会降低，但它可能在虐待式关系之后持续许多年。

恐惧本身并不是坏事，它其实有着极其重要的作用。恐惧对我们的生存至关重要，因为它提醒我们潜在的伤害。正如加文·德·贝克在他的书《恐惧给你的礼物》中所说："你有一个出色的内在守护者，随时准备警告你有危险，并引导你摆脱危险的境地，这是恐惧给你的礼物。[32]"你的直觉曾经告诉过你，你要警惕伴侣。这是有充分理由的。你的直觉并不是为了让你失败，只是你过去选择了忽略它。生活在一种长期的恐惧中，即使是低水平的恐惧，也会降低你的生活质量，这还很容易被投射到其他事情上。

　　虐待式关系肯定会导致你变得过度恐惧。生活在一种持续的恐惧之下，你会受到身体、语言或心理上的伤害。你伴侣的攻击可能会随时爆发，因此你会长期处于恐惧状态。甚至在威胁消除之后，这种恐惧仍然存在，可以说，这是一种不惹是生非的心态。我总是想起笼子里的鸟儿。即便在笼门被打开之后，鸟儿仍然待在原地，害怕面对随之而来的自由。

　　与你的恐惧合作，而不是回避它或强迫自己去战胜它，这非常重要。无论你认为自己的恐惧多么不合理，你都无法在理智上去说服自己不害怕。相反，你必须接受这种感受，不管它是多么不自在。当你走向恐惧而不是远离它时，你就是允许自己完全地感受它，并最终能在这个过程中解放自己。

练习

开始准备调节自我，注意你的恐惧何时浮出水面。有一些东西会经常触发恐惧，这是值得进一步探索的。你可能会在脑海中不断地重复一些发生过的事或你担心会发生的事。这是一种常见的焦虑反应。不要因为自己有这些想法或感觉而责备自己，从而伤害自我。对自己要有耐心。你受伤了，治愈需要时间。强迫自己去战胜恐惧感是行不通的，这只会适得其反，让你更为焦虑、更不舒服。相反，要保持平静、客观和好奇，觉察你恐惧的情绪。要知道，恐惧只是创伤和压力的结果，仅此而已。

写下每一种你可能会有的恐惧，以及当这些恐惧产生时，你将如何各个击破。记住，你坚强而有能力。正如你所见，这些感受将无处遁形。你已经把它们具体化，并可以很清楚地看到这些感受是什么，以及它们为什么跟着你。当你感觉自己更强大、更有自信，相信自己能处理好任何事情的时候，恐惧在你生活中的作用就会越来越小，你甚至会发现自己曾经的恐惧症消失了。

为自己找到梦想

处于虐待式关系或操控性关系中的人，无法为梦想腾出空间。即使她能抽出时间思考自己想要的是什么，她的梦想或愿望也不太可能得到重视或尊重，更不用说她的伴侣会帮助她实现这些梦想或愿望。

为了和伴侣一起生活，你可能会关闭你自己内在的某些部分，担心如果别人知道你的真实自我和真正的梦想，你就会产生严重的内耗。放弃自己的某些部分是很容易的，因此你现在可能不太知道自己究竟是谁，也不知道自己想要的是什么。如果在童年时期受到了控制、批评或惩罚，那么你就可能会觉得暴露自己内心深处的情感、需求和愿望太过危险。如果是这样，那么你可能从未体验过与自己进行深层次的接触。在一个你感觉不安全的环境中生存（孩童往往需要更多的安全感），阻止了你探索更高层次的自我需求。

马斯洛需求层次理论表明，我们必须首先满足基本的生理需求，然后才能继续满足我们更高层次的需求。这一理论认为，我们必须先拥有空气、食物、水和住所（最底端的需求），才能转向关注安全问题，即我们需求层次中的第二部分。如果我们基本的安全需求因为战争、自然灾害或家庭暴力没有得到满足，我们就会经历创伤后压力。安全的范畴包括人身安全、财产安全。如果我们的安全需求得到了满足，我们就可以转向爱和归属感这一更高的需求层次。我们都需要体验爱与被接纳的感受，感受与他人产生真正的亲密。这种爱和归属感的需求对于孩子来说十分强烈，他们宁愿不顾自身对安全的需求，而紧紧地依恋着施虐型父母的一方（或双方）。更高一级的需求层次是尊重，即我们需要被他人和自己尊重、重视。最顶端的需求层次是自我实现。自我实现是指一个人的全部潜能，以及对这种潜能的实现。马斯洛把这一需求层次描述为实现个人所能做的一切事情的渴望，成为自己所能成为的最重要的人。[33]

如果我们的基本生存需求得不到满足，那么我们就不能向更高层次的需求发展。假设我们生活在战争地区，害怕自身生命有危险，并极度渴望能吃上下一顿饭，我们就不会为练习、调整和完善我们作为舞者的技能而焦虑。如果我们生活在一个充满侵略性或控制性的环境中，情况也是如此。此时不安全，也没有空间让我们去探索更深层次的需求，所以我们没有这么去做。

在花了一些时间去理清这一理论对你的人际关系，甚至是对你的一生所造成的影响后，我希望你能提醒自己，不要再被过去所束缚。你现在安全了。你可以自由地行动，发展健康的、具有支持性的人际关系，探索自我和自己的兴趣爱好。

现在不是踌躇的时候。如果你还不确定自己究竟是谁，给自己一点时间。这得有一个过程，你必须对自己有耐心。一点一点地，思想、意象和想法就会开始向你袭来。拥抱它们。这里绝对没有什么禁区，不带评判地、自由地探索你的需要吧。

你是谁？你基于自身的、不受他人控制的样子是怎样的？摆脱这种关系，培养一种强烈的自我意识，其美妙之处在于，你成了自己生活的建筑师。这太令人激动了！

练习

问问自己以下问题，并在日记中写下你的回答：

- 我有哪些价值？

- 我有什么想法？

- 我怎么描述我自己？

- 我如何看待未来的自己？

- 我在人际关系中希望被如何对待？

- 在我的人际关系中，我应该得到什么？

- 我如何知道自己在恋爱关系中被重视和被爱？

- 我过去曾经想要但到现在还没有实现的是什么？

- 我现在放弃了曾经的什么爱好？

- 我什么时候感觉是在做自己？

- 我一直想要但是又害怕去要求的是什么？

- 我一直想做但是又害怕去尝试的是什么？

- 我想和我的孩子有什么样的关系？

- 我的职业是我想要的（方向单一），还是需要更全面地发展或朝着不同的方向发展？

- 我的兴趣是什么？

- 我怎样才能腾出时间去追求我喜欢的东西？

如果一开始就找到人生的梦想似乎太远大、太令人难以想象，那就从小事开始吧。一名女性曾经热爱音乐，音乐也是她生活的重要组成部分。但在她的婚姻生活中，她放弃了音乐。因为当收音机播放到她喜欢的歌时，她丈夫调换了频道，取笑了她的音乐品位，并坚持只听他自己喜欢的音乐（她不喜欢他的音乐，这体现了关系的不平等）。在恋爱初期，她就放弃了为自己喜欢的音乐而战。离婚后，她又开始听音乐。她能接触到自身真正感受音乐的那个部分。她所爱的音乐帮助她缓解了悲伤、痛苦、愤怒，并激励和鼓舞她，就像以前一样。没过多久，她发现自己很容易想到其他方面的兴趣和想尝试的东西。音乐是她与自己产生连接的催化剂，帮助她重新燃起了完全由自己掌控生活的热情。

作为一项练习，请过滤掉那些说你不能做某事的批评声音，比如："你太老了。""你太年轻。""你不够聪明。""你不够苗条。""你没有好的出身或履历。"放下所有伤害你的事，不再向自己传达你不能成为自己想要成为的样子，或你不能得到你一直想要的东西的声音。哪怕只是一瞬间，也要学会相信你自己。假设任何事情都有可能实现。

- 你的脑海中出现了什么样的场景？

- 你看见自己在做什么？

- 谁在你身边？

- 在你畅想的画面中，你的体验如何？

不断实践这个练习。把你的想法写在日记里。这是另一个适合你反复去做的练习。当你让自己舒服地探索内心深处的愿望时，你的畅想画面就会更深入，你也会如畅想画面中那样去做。这是整个过程中最棒的一部分。当你开始走出自己的路，开始相信自己，相信自己的价值和能力时，你的梦想就会变得更加远大。

健康的关系是怎样的

在健康的关系中，双方都可以畅所欲言，表达自己的意见和感受，而不必担心受到惩罚。这种关系建立在相互尊重和彼此支持的基础上。两个人都乐于交流他们的需求，知道对方会倾听自己，而不会批评、贬低或伤害自己。每个人都被允许成为一个独立个体，在他们取得成功后受到鼓励，并在他们的其他关系中得到支持。

在健康的关系中也存在冲突。任何关系中的两个人都有不同的观点、想法和感受。然而，在一段健康的关系中，即使在冲突时期也有一些基本原则。首先，两个人都愿意互相倾听，并给予对方空间来表达他们的感受。即使其中一方并不赞同他的伴侣，他仍然承认另一方存在有别于自己的感受和观点这一事实，并且认为对方是有权拥有这些的。两个人都会努力寻找解决问题的办法，没有任何人身攻击、辱骂、贬低的言论、威胁、操纵或任何形式的身体暴力。[34] 此外，两个人都会对自己的行为负责，不因对方的行为而责备对方，也不找借口把自己的痛苦强加到对方身上（比如说"我很愤怒，所以我有权让你为此付出代价"）。

在你们的关系中，你应该感受到被爱。每对夫妇都有分歧，有时他们会感到受伤或被误解。甚至会有一段时间，一方或双方都感到比往常更加不在同一频道。然而，即使在那些时候，你也不必怀疑你是否被重视、是否被爱。

你应该感受到的是来自你的另一半的鼓励和支持，而不是他在跟你较劲或正在伤害你。你们双方应该感受到同样的鼓励、支持、重视和关爱。你的愿望、观点、想法和感受应该和你的伴侣的一样重要。虽然有时候需要做出调整，但双方都不应该为了满足对方而做出太多牺牲。

在一段健康的关系中，双方都会真诚地希望对方得到最好的，并能认识到如果对方获得成功，那么自己也会跟着受益。你们彼此成就，而不是相互拆台。你们想让对方快乐。你们为彼此的梦想相互支持。你们都会有这样的感觉：自己有一个真正的伴侣、一个队友、一个可以与自己共度一生的人。你们之间有着真正的亲密感，彼此都感觉在做真实的自己。[35]

这是否听起来太过美好而不像真的？这是你在一段关系中应该准备好提供给对方的，也是你应该期待对方回报给你的。能提供长期的爱和承诺的关系确实是存在的，并且是建立在相互尊重的基础上的。

建立健康的关系的基础是爱，而不是占有。两个人都应该有探索各自兴趣爱好的空间。个人的成长和发展在健康的关系中是被鼓励的。健康的关系中充满了信任，你感觉足够安全来展示脆弱，并抱持开放心态。这样一来，两个人的完整性都得到了保护。[36]

学会再次相信自己

我经常听到女性谈论，在受到严重打击之后，她们会产生信任方面的问题。许多女性害怕在未来的关系中继续前进，考虑到她们曾经受到的伤害很深，这当然是可以理解的。

缺乏对他人的信任，很可能就是缺乏对自己的信任。这可能是你在恢复过程中最具挑战性的事情之一。你不再相信自己对他人的直觉，也不再相信自己对什么是可接受的对待、什么是不可接受的对待的判断。你不寄希望于自己会为自己挺身而出，也不再相信你会在其他关系中也发现虐待模式。

在与施虐者交往后，你很难不去质疑自己和自己的判断。如果你觉得自己的"第六感"过去曾让你误入歧途，那么就很容易对自己的直觉失去信心。重点是，要记住什么是你力所能及的事情，什么不是。当施虐者在这段关系中获得更多的权力，而你却受到伤害时，你很容易感到无助。这种无助感就像是你遇到了无法控制的事，当它发生在你身上时，你无力阻止。不过，让我们来把它分解一下。是你的直觉失败了，还是你选择忽视了它？你是否决定另寻出路，因为这总比面对你不愿相信的事容易得多？你容忍虐待，是否只是因为你想被爱？

这些都是很难正视的问题。你很容易采取自我防卫，否定自己以往的感受。要明白，这并不是要你为过去的遭遇而责备自己，而是为了让你更好地认识你自己以及你在一段关系中的倾向性。当你理解了自己的时候，你就会对自己与他人之间的关系产生不可思议的认识。这些认识将帮助你了解在一段关系中，你在面对压力时的脆弱和倾向性。当你学会尊重自己的感受，而不是否定或压制它们时，你就不会再感到无能为力了。

请记住，虐待式关系是非常复杂的。它有许多微妙之处，多年来一直未被发现。你不能期望自己无所不知，不能责怪自己没有尽早发现破坏性的模式，或责怪自己没有一了解真相就立即采取行动。这种对待自己的方式过于苛刻，它只会让虐待的循环继续。

只有成为你认知以内的，才能为你所知。你愿意面对那些你曾经努力不去看的破坏性模式，这已经是一件非常值得自豪的事了。你有勇气脱离一段虐待式关系，这是一个女性所能经历的最困难和最令人生畏的事情之一。而现在，你已经愿意去做自我探索，这可能会让你感到难以忍受和痛苦。你一直如此勇敢。

当你明白，缺乏对他人的信任（外化问题会使你失去对它的掌控，让你感到无助并害怕即将发生的事），其实是你对自己缺乏信任时，你就可以着手疗愈自己的创伤，并不受情绪羁绊，努力发展今后的感情生活。

所以，相信自己，相信你有能力处理好任何你会碰到的事。你不是知道一切的人，相反，你可能给了伴侣太多的机会来虐待你。但是，你逃出来了。你选择离开了一个永远不会发生改变的破坏性互动模式。正因如此，你现在变得更强大、更聪明了。所以，你很有能力。当你相信自己的能力时，你就可以开始信赖自己，紧接着，你也就能逐步开始信任别人了。

你已经不再是当初刚开始踏上这段旅程时的你了。你不再天真无知，也不再对施虐者的模式毫无意识。你已经自学成才，已经知道一段健康的关系是什么样的，以及身处其中的感觉如何。你不再不顾惜自己的感受，不再为虐待找借口或为别人的行为负责。你经历的一切所带来的好处是，你已经拥有足够的经验，从而能准确地知晓什么对你来说是好的、什么对你来说是不好的。你知道自己的价值，从而不会和任何不重视你、不尊重你的人建立人际关系。如果你感觉一段关系不该被接受，那么你会信任自己的感觉并且相信自己有能力摆脱它，继续在生活中前进吧。

第 7 章

帮助我们的女儿

斧子忘了，树却记得。

——非洲谚语

蓝图

你能为女儿所做的最重要的事，就是在家庭中建立健康的人际关系。家庭是一切开始的地方。有一些女孩来自虐待式家庭，她们最终会变得非常直言不讳，不容忍任何人欺负她们。然而，到目前为止，这只是某些例外。大多数女孩在成长过程中，都在观察母亲在主要关系中的行为，然后在她们自己的关系中模仿同样的行为。这很有道理。毫无疑问，从出生的那一刻起，母亲就是我们最依赖的人。我们期待母亲在我们还是个婴儿时喂养我们，在我们迈出第一步时赞扬我们，在我们努力尝试新事物时认可我们的努力，教我们如何打理头发，并向我们展示在恋爱关系中应该怎么做。

当你的女儿看到你和伴侣之间有一种健康的关系时，她就会明白被尊重和被重视意味着什么。她会知道，即使在发生冲突时，每个人也可以毫不畏惧地表达自己的感受。她会相信，即使是在愤怒的时候，也不应该有骂人或攻击对方人格的行为，而是应该讨论什么样的行为是有害的、需要解决的。她不认为每次都需要维护自己或为自己辩解，因为她已经目睹过你的伴侣如何尊重你的感受和愿望，即使你跟他有分歧。

如果你的女儿看到你在自己的关系中畏畏缩缩，你就别指望她在和她男朋友的关系中能坚持自己的主张。如果她看过你曾没完没了地试图解释自己，以期让伴侣允许你去做真正想做的事，那么她就会认为自己无法为自己做决定。不管是大事还是小事，如果她目睹你为了避免引起争吵而服从你丈夫做出的所有决定，那么她就会怀疑自己的能力。如果她目睹她父亲跟你说话时对你的贬低，或曾打你耳光给你教训，那么她不仅可能认为是你激怒了他所以挨打是活该，还有可能容忍别人以同样的方式对待她。当她看着你慢慢枯萎，消失在黑暗之中时，她会相信这也将会是她的命运。

母亲是我们的人生向导。不管你信不信，你的女儿都在以她所见的你为参照标准，预判她将如何被别人对待。言传身教是目前你帮助女儿最有效的方法。

练习

思考以下问题：

• 你的家庭冲突通常是如何得到处理的？有没有批评、吼叫或辱骂？

• 你通常如何处理冲突？是害怕它或者躲避它吗？你会对周围的人有防御或攻击倾向吗？

• 你的女儿目睹过你和你的伴侣之间的哪些行为模式？

• 你是否觉得有必要不断地向伴侣解释自己？你是否想让你的女儿也这么做？

• 你是否曾试图为你的伴侣找借口，这样你的女儿就不知道真正发生了什么？你是否试图通过粉饰伴侣的行为，以挽回他在你女儿眼中的形象？

• 你是否觉得你的伴侣和女儿（或儿子）是一伙的，尤其是在你和伴侣发生冲突之后？

• 你是否觉得受到伴侣的反对和欺负？你的女儿也让你有同样的感受吗？

其中有一些很难解决的问题——承认虐待行为是很痛苦的。你也很难承认，女儿可能已经有了一些你伴侣的虐待模式。

如果你女儿是在目睹你处于虐待式关系和操控性关系的环境中长大，那么当你读到这里时，你可能会感到内疚和绝望，但不要认为一切都完了。我们只能教她我们所知道的东西。讨论一段关系中健康的行为与不健康的行为，永远都不会太晚。虽然你的女儿可能在她童年时期受过一些创伤，但正如你一样，她自己也有能力探索它们，当她被疗愈的时候还能从中获得智慧。

教育你的女儿

我认为，我们能为女儿做的最为重要的事就是，在她们年轻的时候，就教她们识别虐待式关系的早期预警信号。大多数女孩认为，虐待式关系就是一种女孩在其中受到身体暴力的关系。一些女孩意识到，出口伤人也是不对的，于是把这个定义扩展到包含言语虐待。但是，这个狭隘的定义会使很多女孩容易受到伤害，因为她们不知不觉地把自己暴露在其他虐待类型中。

要在女孩将要进入长期的互相承诺的关系之前，就教她们关于微妙型虐待的知识。我们可以教女孩们一些关于虐待式关系的基本常识，以及如何在确定婚姻关系前发现自己是否处于虐待式关系中。当她们没有防御心理的时候，她们会更容易接受这些信息。这样一来，当她们真正开始一段新恋情时，也就更有可能保持谨慎。正如我们教女孩们识别性侵那样，我们也需要教导她们识别虐待式关系和操控性关系。

以下是一些年轻女孩需要注意的早期预警信号。就像其他事情一样，你和女儿持续探讨微妙型虐待式关系，比简单地把下面的清单读一两遍更有效。当你邀请女儿进行互动对话时，允许她向你提问，这会鼓励她在将来与你进行更多对话。请记住，施虐者可能只会表现出这些行为中的一些。例如，施虐者在生气时不会向你扔东西，并不意味着他在其他方面没有虐待你。

他的行为大概如下：

• 他不尊重其他女孩或你的朋友（如果他不喜欢别人做的事，那也没关系，但他不应该辱骂那个人、侮辱她的人格，或试图说服你改变对那个人的看法）。

• 他拿你开玩笑，嘲笑你的长相，嘲笑你的兴趣爱好，或嘲笑你取得的成就。

• 当有别人在你身边时，他会用不同的态度对待你。

• 他告诉你，他愿意跟你在一起是你的幸运，因为不会有其他人愿意跟你在一起，也没有人能像他这样懂你。

- 他只想和你单独在一起，不包含任何其他人。他停止一切活动，只为了有更多时间跟你在一起。

- 他嫉妒你与其他朋友或家人的关系，并感到受到威胁。

- 他对你有很强的占有欲，把你视为他的领地。

- 他会取笑你或贬低你的家人及朋友。

- 他让你做一些看起来没那么重要，但会让你觉得很不自在的事。

- 他忽视或否认你的感受，告诉你你的感受是错误的。或者，他试图说服你不要相信自己的感受。

- 当他做错事的时候，他绝不道歉。或者，即便他道歉了，你也会因为他后续的行为而不敢真的信任他。

- 他把所有的问题都归咎于你。

- 他站在你面前，挡住你，阻止你离开。或者，他把自己置于你和逃生的出口之间。

- 当他生气时，他会威胁或吓唬你。

- 当他发怒或烦躁时，他会鲁莽地进行驾驶。

- 当他生气时，他会扔东西。

- 他拉拽你、打你耳光、掐你脖子、推你、扯你头发、揍你，或实施其他身体上的暴力行为。

- 如果你想和他分手，他就威胁要伤害自己或伤害你。

这给你带来的感受是：

- 当你和他在一起的时候，你觉得你需要保护自己的家人或朋友。

- 你觉得你必须证明，把时间花在跟家人或朋友在一起上是正当的。

- 你觉得在解释自己的感受时需要小心翼翼，这样才有希望让他理解你。

- 当你跟他在一起时间久了后，你会感到有压力（特别是如果他为了陪你而推掉了其他安排）。你觉得为了和他在一起，你得放下友谊、兴趣爱好、工作或其他活动。

- 你觉得需要不断地向他证明你对他的爱和忠诚。

- 他的行为会让你感到窘迫，你不得不向别人解释他的行为，或替他寻求原谅。

- 你觉得有必要隐藏这段关系中的某些部分，因为你知道如果别人真的知道发生了什么，他们是不会允许这部分发生的。

- 你觉得需要取悦他或按照他的要求去做，否则他就会憎恨你，跟你分手，对别人说一些关于你的刻薄的话或造谣。

- 要在性方面令他满意，让你倍感压力。

- 当他生气时你会感到害怕。

- 你对他的反应感到焦虑或恐惧。

- 你无法发自真心地尊重他这个人或尊重他的选择。

- 你和他的关系令你感到不快乐。

- 如果你试图结束这段关系，那么你会担心他会有何反应。

这样教育女孩有两个非常重要的目的。第一个目的是，教会女孩什么是可以接受的行为、什么不是。大多数女孩不知道对一段关系应该抱有何种期望。当我们花时间真正分辨清楚一段健康的关系是什么样的，一段不健康的关系又是什么样的时，我们就赋予了女孩说"不"的权利，让她们能逃离一段破坏性关系。如果你从女儿小时候起就教她识别有害的互动模式，并允许她摆脱这种关系，那么当她决定离开这段感情时，她就会知道自己拥有你的支持。这种支持和认可，使她更有可能结束一段对她有害的关系。

第二个目的是，女孩越不愿意容忍虐待行为，男孩就越有可能被迫改变负面行为。这并非一蹴而就的事情，但只要女孩变得更加自信，能把不良行为说出来，并结束不健康的关系，渐渐地，事情就必然会发生改变。年轻姑娘们需要知道她们自身的力量究竟有多强大。

她的自我意识

你是你女儿的镜子，自打她记事起，你就是第一个把你的所见反馈给她的人。她就是这样形成对自己的第一印象的，这也决定了她如何看待自己的价值。所以，把你看到的积极事物反馈给她十分重要。如果你女儿从你那里接收到的是积极的反馈，那么在她的成长过程中，她就会形成很强的自尊心和自信心。

要把那些不受欢迎的行为拿出来跟她探讨，并说明是她的行为不受欢迎，而并非她本人不受欢迎。例如，与其说她调皮捣蛋，不如告诉她你不喜欢她这种行为方式，并说出你对她的期望。有些女孩的自我意识是非常脆弱的，即便父母没有给她任何负面的反馈，她也会在成长过程中对自己产生批评的声音。如果一个女孩被告知她过于敏感，或不应该拥有或表达自己的情绪，那么她就会认为是自己出了问题，她开始不再相信自己，也不再信任自己的感受及直觉。久而久之，她就会开始与内在的自我隔绝，在自己周围堆砌起厚厚的围墙以保护自己不被真正看到。那些批评女儿外貌、智力、性格和一切内在价值的父母，很可能会使他们的女儿终生陷入自卑，并认为自己没有价值。

我们大多数人都知道，自卑的女孩更有可能陷入虐待式关系。这些女孩是捕食者的首要目标，捕食者想把猎物塑造成他想要的任何样子，引诱她进入一段关系，通过给予她极度渴望的认同和赞美来吸引她。即使他的行为在随后的关系中发生了改变，她也仍然会不断寻求他的认同和他无尽的爱。结束这个循环的关键，就在于她是否能脱离这段关系。若想脱离这段关系，除非他自己主动断绝或发生什么意料之外的事情，否则，只有当她取得一些自我价值感并有一个支持系统时，了断才会真的发生。

培养她的自我价值感和支持系统要趁早，要赞美她自身，而不是赞美她的成就、造诣或者美丽的外表。你的赞美会触发她的成长。告诉她，你多么钦佩她努力工作，钦佩她追逐自己热爱的事情，钦佩她友善待人。告诉她，当她专心做事时，她是多么聪慧；告诉她，当她为自己做出正确决定时，她是多么多么勇敢。通过认可她的感受，教会她相信自己的感受。鼓励她作为一个独立个体成长，同时给她一些犯错的自由。这是我们都应该学习的。当她失败时，不要去评判她，而是要为她创造一个安全的落脚之地。她会从自己的经验中，而不是从你的批评中吸取教训。

练习

思考以下问题：

• 你是否曾骂过你的女儿，给她贴过这样或那样的标签，而没有帮她纠正有问题的行为，以及说明你对她未来的期望？

• 你是否因为女儿身上那些让她显得独特、卓越的特质而赞美她？

• 你是否鼓励女儿表达自己的想法和感受，并通过承认它们的重要性来证明她的价值？

• 你是关注你女儿的优点，还是经常提醒她注意她的缺点？

• 当她失败时，你是会第一个冲上去说"我早就告诉过你了"，还是会告诉她，每个人都有可能在某种情况下失败，包括你自己？

• 你是鼓励她解决问题、克服障碍、在生活中不断探索可能性，还是告诉她，必须接受自己已经选择的生活？

这些问题中某些是很难处理的。我们传递给孩子的信息，通常是从我们父母那里接收到的，尽管这些信息可能是有害的或具有破坏性的。我们可能不知不觉地让我们的女儿产生了自我怀疑，并质疑自己的力量和能力。

你可以把所有精力都投入到确保女儿对自己有良好的自尊心和自信心中去。尽管你尽了最大的努力，但是在孩子成长过程中的某些时刻，她会不可避免地经历失望、挫败、心碎和伤害。每一件事都会威胁到她的自尊，考验她对自己的信心。我们每个人最希望的就是，我们的女儿有一个坚实的基础，这样她就能度过困难时期，变得比以前更加强大。痛苦会迫使我们成长。

她的破坏性关系

你可以无条件地去爱你的女儿，珍惜她、赞美她，给她所有有用的技巧帮助她克服生活中的困难，但有时事情并不会朝着你期望的方向发展。这对于那些全身心为他们的孩子谋求福祉的父母来说，是非常令人心碎的。当你的女儿最终陷入一段虐待性关系中时，就会出现这种毁灭性的结果。

有许多女孩来自关系健康的家庭，她们能获得家人的关爱和支持，虽说她们有很强的自尊心，但她们也有可能在不知不觉中与施虐者谈起恋爱。有的人说只有低自尊的女孩才会进入具有破坏性的关系，这种说法是很荒诞的。如果你读过这本书，那么你就会知道，问题在于施虐者往往会把自己伪装得很好。你的女儿可能认为她新交的男朋友就是她遇到的最爱她、最支持她、最关心她的男人。结果，她对他产生了真爱。

当你从远处观察她的行为变化时，你可能会发现她身上的转变。那个你一直感觉如此亲近的女儿，现在可能与你有了距离，她与你的互动变得更加疏远。她陪你的时间可能更少，借口自己很忙，或者说需要花更多的时间和伴侣在一起。如果你就这一点向她提出要求，她可能会对你生气，认为你只是不满意现在必须要和别人一起分享她的关注。

你可能会发现你的女儿变得更为封闭，不太乐意告诉你关于她的生活。以前，她可能经常会与你交流，非常信任你，并愿意与你分享她生活中的点点滴滴，然而现在的她只会简单笼统地回复你。她在谈话中可能变得更加急躁，或者她不想再和你讨论某些事情。当你告诉她，自从她开始和她的伴侣约会以来，你们母女之间的相处发生了很大的变化时，她会采取防御态度，告诉你他有多好，并且会因为你不愿意更大程度地接纳他而责备你。

你可能会注意到，你的女儿不再和她从前的朋友来往，也没有再去参加她过去很感兴趣的活动。她可能会把自己所有空闲的时间都花在伴侣身上，把她的友谊和各种兴趣爱好统统丢到一边。

时间长了，你可能会发现你女儿身上的朝气逐渐消失。她的体重可能会骤增或骤减。她可能会开始酗酒或嗜睡。她可能会开始强迫性锻炼。当你凝视她的眼睛时，你可能会注意到曾经闪烁光芒的地方现在已经变得暗淡。

这对作为母亲的你来说，绝对是毁灭性的打击。你会觉得自己有心无力，因为找不到那个生机勃勃的女儿了。虽然你知道那一定还在她的内心，但是你已经无法伸手触摸。你越是想努力接近她，就越会受到抵抗，并且感觉自己正离她越来越远。

你试图用你对她男友的看法来质问你的女儿，这很正常。你可能会既委婉又不偏不倚地列举，你为什么会得出她男友对她有害的结论。但是，她只会防御性地站到她男友的防线上，抨击你为何会对她的爱人说出这种话。她不能客观地看待这段关系。

记住，你女儿已经把她自己所有的精力投入到那个她认为是爱她、关心她和支持她的伴侣身上。她对伴侣倾注的精力如此之多，甚至为此荒废了一切，她倾注的精力越多，就越认为必须捍卫自己的选择。她已经投入了这么多，"现在放弃的想法"

似乎超出了她的承受能力。

那么，你的选择是什么呢？你可以试着继续说服她，说她的伴侣对她并不好，这段关系也并不健康。然而，如果你这样做，那么她只会继续采取防御态度并远离你。她可能会试图在这段感情中停留更长的时间，只是为了证明自己的想法是正确的。她的伴侣会因为她在你面前维护他而对她更加关爱，以强化她的行为。这将使她进一步质疑你和你的动机，使她更加依赖他，并将他作为自己唯一的支持者，这正是他想要的。

在最好的情况下，你的女儿会感到被夹在中间，她在你面前替她的男友辩护，而在男友面前替你辩护。她会孜孜不倦地努力向每个人解释对方的立场，但都会以失败告终。这种长期的、持续不断的压力无疑会使她疲惫不堪，让她没有精力去面对眼前真正的问题。最糟的情况是，你的女儿会认为夹在你和她的男友之间左右为难，这太痛苦了，她将切断与你的大部分或全部联系。

如果你女儿切断了与你的联系，那她就更不可能结束与施虐者的关系了。一旦她在感情中变得不快乐，她就会觉得被困其中，并相信你还在生她的气、不赞成她的选择，或为她感到羞耻。如果你保持沉默，那么她就会认为自己不会得到任何支持以帮助她摆脱这段关系。

你的另一种选择是，对她的男友保持缄默。这听起来似乎不可能，但这并不像你想象的那样是一个糟糕的选择。如果你的女儿很爱她的伴侣，或者她为这段关系投入了很多，那么她不会接受你对她男友的任何评价。当她准备好结束这段关系时，她就会结束它。如果她还没准备好，那么她就会继续回到他身边。所以，除非可以用一种中立的态度，否则最好完全不要讨论他。如果你确实不喜欢他，就不要假装你很喜欢他，那样太虚伪。只是不要把你不喜欢他的理由都说出来。

保留你对女儿男友的看法，这样就能保持你们俩之间顺畅的交流。如果她知道她和他在一起，你不会反应过度，那么她就会认为你是值得信赖的。

维持这个支持系统对你女儿来说至关重要，因为这可以防止她变得过于孤独，当她觉得他们的关系有些不对劲，但她还没有准备放弃时，至少有人可以倾诉。如果她确实向你征询意见，那么无论你多么不喜欢她的伴侣，都要在回答时保持公正。大致地说一些在关系中哪些行为是可以接受的、哪些是不可以接受的之类的话。提醒她，一个女性应该受到伴侣怎样的对待。让她知道什么行为会使你担心，然后再问问看，她对这些行为的看法及感受。把问题的皮球踢回给她。通过这种方式，鼓励她去质疑和面对他的暴力行为，而且她可以按照自己的需要去处理它，在这一过程中，她能形成自己的观点。此外，你还可以强化这样的信息，即她完全有能力独立思考，也能做出决定，不管这些决定多么困难。当她有能力以自己的节奏处理关系时，她会开始信赖自己，相信自己能做出更好、更强有力的选择，那么她就极有可能离开施虐者。请注意，如果你的女儿有人身危险，你就有必要进行干预。请参考本书末尾的参考资料部分以获得进一步帮助。

看着你的女儿陷入一段虐待性关系中，又没有特别理想的解决办法，不免令人心碎、愤怒。这段关系中会有冲突、甜蜜，然后再次出现冲突。不管从哪一点来说，我们都很难弄清楚该怎样处理好这种状况，所以对自己宽容一点吧。对于任何父母来说，这都是一段充满压力的时期。尝试努力去做自己喜欢的事，这样你就不会在让你感到无助的压力情境中迷失自我。总而言之，你无法控制你的女儿做什么决定或不做什么决定。当涉及孩子的幸福时，你必须学会放手，这无疑是件困难的事。但是，你越是能保持松弛，就越会感觉强大且意志坚定，这让你有足够的精力来照顾自己和照顾你所爱之人。

参考文献

[1] Colorado Coalition Against Domestic Violence. (n.d.). Domestic Violence Info. Retrieved October 19, 2015, from ccadv. org.

[2] Center for Disease Control. (2014). National Data on Intimate Partner Violence, Sexual Violence, and Stalking. Retrieved September 30, 2015, from www.cdc.gov/violenceprevention/pdf/nisvs-fact-sheet-2014.pdf.

[3] Center for Disease Control. (2010). National Intimate Partner and Sexual Violence Survey. Retrieved September 30, 2015, from www.cdc.gov/violenceprevention/pdf/nisvs_report2010-a.pdf.

[4] Gavin de Becker. The Gift of Fear: Survival Signals That Protect Us From Violence. New York: Dell, 1998.

[5] Martha Brockenbrough. "Is Your Partner Emotionally Abusive?" Retrieved November 6, 2016, from womenshealthmag.com.

[6] National Domestic Hotline & Break the Cycle(2013). "Is this Abuse?" Retrieved November 6, 2016, from www.loveisrespect.org.

[7] Adelyn Birch. "About Covert Emotional Manipulation." Retrieved October 23, 2016, from www.psychopathsandlove.com.

[8] Jay Carter. Nasty People. New York: McGraw-Hill Education, 2003.

[9] Lundy Bancroft. Why Does He Do That? Inside the Minds of Angry and Controlling Men. New York: Berkley Books, 2002.

[10] 同上.

[11] Patricia Evans. The Verbally Abusive Relationship: How to Recognize It and How to Respond. Avon, MA: Adams Media, 2010.

[12] M. Allen, D. D'Alessio, & K. Brezgel. (1995). A meta-analysis summarizing the effects of pornography II: Aggression after exposure. Human Communication Research, 22, 258–283.

[13] Mary Anne Layden. "Pornography and Violence: A New Look at Research." Department of Psychiatry, University of Pennsylvania. Retrieved March 26, 2016, from www.socialcostsofpornography.com.

[14] Lundy Bancroft. Why Does He Do That? Inside the Minds

of Angry and Controlling Men. New York: Berkley Books, 2002.

[15] Elan Golomb. Trapped in the Mirror: Adult Children of Narcissists in Their Struggle for Self. New York: William Morrow, 1992.

[16] Robert Subby. "Inside the Chemically Dependent Marriage: Denial and Manipulation," in Co-Dependency, An Emerging Issue. Hollywood, FL: Health Communications, 1984, 26.

[17] Melody Beattie. Codependent No More: How to Stop Controlling Others and Start Caring for Yourself. Center City, MN: Hazelden, 1986.

[18] 同上.

[19] George R. Bach & Ronald Deutsch. Stop! You're Driving Me Crazy. New York: G. P. Putnam's Sons, 1980, 270.

[20] Christine Louis de Canonville. "The Effects of Gaslighting in Narcissistic Victim Syndrome." The Roadshow for Therapists. Retrieved March 13, 2016, from www. narcissisticbehavior.net.

[21] Patricia Evans. The Verbally Abusive Relationship: How to Recognize It and How to Respond. Avon, MA: Adams Media, 2010.

[22] Harriet Lerner. The Dance of Anger: A Woman's Guide

to Changing the Patterns of Intimate Relationships. New York: Harper & Row, 1985.

[23] Beverly Engel. The Nice Girl Syndrome. Hoboken, NJ: John Wiley and Sons, 2008.

[24] Lundy Bancroft. Why Does He Do That? Inside the Minds of Angry and Controlling Men. New York: Berkley Books, 2002.

[25] George Simon Jr. In Sheep's Clothing. Little Rock, AR: Parkhurst Brothers, 2010.

[26] Jay Carter. Nasty People. New York: McGraw-Hill Education, 2003.

[27] Patricia Evans. The Verbally Abusive Relationship: How to Recognize It and How to Respond. Avon, MA: Adams Media, 2010.

[28] Walter Bradford Cannon. Bodily Changes in Pain, Hunger, Fear, and Rage. New York: Appleton-Century-Crofts, 1929.

[29] M. E. P. Seligman. (1972). "Learned helplessness." Annual Review of Medicine, 23(1): 407–412. DOI: 10.1146/annurev. me.23.020172.002203. Retrieved February 6, 2016, from www. annualreviews.org.

[30] Susan M. Orsillo & Lizabeth Roemer. The Mindful Way Through Anxiety: Break Free from Chronic Worry and Reclaim Your Life. New York: Guilford Press, 2011.

[31] Robert A. Johnson. Owning Your Own Shadow: Understanding the Dark Side of the Psyche. New York: HarperSanFrancisco, 1991.

[32] Gavin de Becker. The Gift of Fear: Survival Signals That Protect Us from Violence. New York: Dell, 1998.

[33] Abraham H. Maslow. Motivation and Personality. New York: Addison-Wesley Longman, 1970.

[34] Beverly Engel. The Nice Girl Syndrome. Hoboken, NJ: John Wiley & Sons, 2008.

[35] Lundy Bancroft & J. A. C. Patrissi. Should I Stay or Should I Go? A Guide to Knowing If Your Relationship Can— and Should—Be Saved. New York: Berkley Books, 2011.

[36] Melody Beattie. Codependent No More: How to Stop Controlling Others and Start Caring for Yourself. Center City, MN: Hazelden, 1986.

扩展阅读

American Psychiatric Association. Diagnostic and Statistical Manual of Mental Disorders: DSM-5. Washington, DC: American Psychiatric Publishing, 2013.

Bancroft, Lundy. When Dad Hurts Mom: Helping Your Children Heal the Wounds of Witnessing Abuse. New York: Berkley Books, 2005.

——.Why Does He Do That? Inside the Minds of Angry and Controlling Men. New York, NY: Berkley Books, 2002.

——& Patrissi, Jac. Should I Stay or Should I Go? New York, NY: Berkley Books, 2011.

Behary, Wendy T. Disarming the Narcissist: Surviving and Thriving with the Self-Absorbed. Oakland, CA: New Harbinger Publications, 2003.

——.Disarming the Narcissist. Oakland, CA: New Harbinger

Publications, 2013.

Carter, Jay. Nasty People. New York: McGraw-Hill Education, 2003.

Carter, Les. Enough About You, Let's Talk About Me: How to Recognize & Manage the Narcissists in Your Life. San Francisco, CA: Jossey-Bass, 2008.

Chodron, Pema. When Things Fall Apart: Heart Advice for Difficult Times. Boston: Shambhala, 1997.

de Becker, Gavin. The Gift of Fear: Survival Signals That Protect Us from Violence. New York: Dell, 1998.

Eddy, Bill, & Kreger, Randi. Splitting: Protecting Yourself While Divorcing Someone with Borderline or Narcissistic Personality Disorder. Oakland, CA: New Harbinger Publications, 2011.

Engel, Beverly. The Emotionally Abused Woman: Overcoming Destructive Patterns and Reclaiming Yourself. New York: Ballantine Books, 1990.

—— .The Nice Girl Syndrome. Hoboken, NJ: John Wiley & Sons, 2008.

Golomb, Elan. Trapped in the Mirror: Adult Children of Narcissists in Their Struggle for Self. New York: William Morrow, 1992.

Kreisman, Jerold. I Hate You, Don't Leave Me: Understanding the Borderline Personality. New York: Tarcher Perigee, 2010.

MacKenzie, Jackson. Psychopath Free: Recovering from Emotionally Abusive Relationships with Narcissists, Sociopaths, and Other Toxic People. New York: Berkley, 2015.

Simon, George, Jr. In Sheep's Clothing. Little Rock, AR: Parkhurst Brothers, 2010.

Stout, Martha. The Sociopath Next Door: The Ruthless Versus the Rest of Us. New York: Broadway Books, 2005.